KB270168

기호와 해석의 몽타주

기호와 해석의 몽타주

속된
영화
거룩한
영화

이영진
지음

홍성사

저자 서문

청년시절 나는 교회 안팎의 신앙모임에서 주도적인 역할을 하면서 동료 청년들로 하여금 영화 관람하는 일을 강력하게 금하곤 했다. 영상이 뇌리에 잔상으로 남아 영적으로 해롭다는 이유에서였다.

영적인 세계에 대해 뭔가를 알고 그런 것 같지만 실은 당시의 기독교 정서라는 것이 문화 자체를 하나님 나라에 반(反)하는 악의 세계로 간주하는 정서로 팽배했고, 또 기독교 콘텐츠라고 해봐야 문화 고발 일색이었던 영향이 컸을 것이다. 그러면서 어쩌다 꼭 보고 싶은 명작 영화라도 보게 되는 날이면 꺼림칙한 마음에 회개의 기도를 드리기도 했다. 그러고는 다시 그렇게 '깨끗해진' 영성을 토대로 아직도 변화받지 못하고 '영화나 보고 다니는' 청년들을 정죄하며 질타하곤 했다. 그런데 지금은 이렇게 영화를 소재로 책을 쓰고 있다. 그것도 세속적인 영화들에 관하여 말이다.

영상을 통해 헛된 세계를 가공하는 모든 영화를 정죄할 정도로 열정을 다하던 그 시기에 찾아든 깊고 긴 슬럼프는 그 열정의 방향에 일대 전환을 가져왔다. 그 기간은 내 기억에 저장된 모든 지식이 소멸되는 과정으로 전개되었는데, 최소한의 '믿는다'는 사실 하나만을 남기고는 모든 기독교 정보가 소거된 것이다. 당시 나는 성경을 얼마나 사랑하고 즐겨 읽었던지, 어떤 문장, 어떤 음절, 어떤 단어만 대면 몇 초 안 걸려 정확히 그것이 기록된 지면을 펼쳐 보일 수 있을 정도였다. 성경 각 페이지 지면이 그림처럼 기억에 색인되어 있었던 것이다. 그런데 그런 색인까지 모두 사라지고 말았다. 불이 꺼진 것이다.

불빛을 잃은 그 시기에서 빠져나와 회복할 즈음에는 하나님께서 나에게 완전히 다른 세계를 열어 보여 주셨다. 다시 복원된 성경 지식도 이전 것 그대로이고, 다시 복원된 신앙고백도 고스란히 이전 것 그대로인데 완전히 다른 세계를 비춰 주신 것이다. 바울이 빛을 잃어 사흘 동안 식음을 전폐하였다가 다시 보게 된 세상이 이처럼 다른 세계로 이루어져 있었을까?

바울에게 그것은 율법에서 복음으로의 이행이었지만 나에게 그것은 지금으로부터 1600여 년 전 어거스틴에 의해 설계된 두 개의 도성 사이를 가로막고 있던 유리 천장의 붕괴로 이해할 법했다.

하나님의 나라는 여기에는 있고 저기에는 없는 게 아니라, 어디에나 있으면서도(Ubiquitas) 어디에도 없는 것같이(Nusquam) 여겨지는 것이다(롬 1:20). 이것이 로고스의 본성이기도 하다. 빛을 비춰야만 만들어 낼 수 있고 빛을 비춰야만 볼 수 있도록 구조화 된 영화도 마찬가지다. 좋은 영화와 나쁜 영화가 있는 게 아니라, 의미가 있는 영화와 아무런 의미가 없는 영화가 있을 따름이다. 의미가 없는 것만 한 악도 없는 것이다. 빛 자체는 선하고 좋은 것이기 때문이다(창 1:3).

이 책은 영화를 주된 매개물로 담아 내고 있음에도 영화를 평하기 위한 평론서 집필은 아님을 밝혀 둔다. 또한 영화를 즐겨봐야만 영성에 도움이 된다는 식으로, 청년기의 완고함을 완전히 떨쳐 버린 것도 아니다.

이 책의 집필 목적은 영화라는 융합물로 집약되어 나타나는 이 시대의 문화 속에서 우리가 알고 있는 진리와 개념들을 어떻게 기호화할 수 있는지, 또 그것을 어떻게 다시 풀어서 읽어 낼 수 있는지 그 방법적 제시를 담아 내는 데 있다. 읽기를 선점하지 않으면 우리가 읽힘을 당하고 마는 세태가 이 영악한 세대의 문화 속성이기 때문이다. 성서를 끊임없이 읽어 내지 않으면 어느 세대인가에 이르러서는 하나님 나라의 창문이 닫혀 버리고 마는 이치일 것이다. 이것이 그 편재(遍在)하는 로고스에 대한 우리의 과업이기도 하다.

이런 의도 속에서 이 책은 그 해석 대상들을 읽어 들이는 방법에 대한 기초로서의 이론들을 먼저 요약하고, 본론부에서는 그 예제로 추려낸 영화들을 해석과 함께 열거하는 식으로 전개해 나갈 것이다.

이 책이 나오기까지 수고한 분들이 있다. 이 원고가 책이 될 수 있도록 제안해 주신 정애주 대표님을 비롯한 홍성사 가족 덕분에 이 원고가 활자로 빛을 볼 수 있게 되었다. 아울러 이 원고의 초고들은 당초 〈크리스천투데이〉 이대웅 기자님의 요청으로 모아질 수 있었던 것이다. 이 지면을 빌어 감사를 전한다. 끝으로 이 책에 나오는 영화들을 가장 좋은 자리에서 감상할 수 있도록 상영관 표를 예매해 주었을 뿐만 아니라 26년간 영화를 함께 관람해 준 사랑하는 아내 박정윤 사모에게 깊이 감사드린다.

2017. 1. 7.

호서대학교에서

차례

프롤로그: 영화 '읽는' 법

문학을 사랑하는 한 청년이 대학에 들어가 문학을 전공하며 학문에
정진한 끝에 영미 문학의 거장 제임스 조이스의 소설에 관한 연구로
박사학위를 받았다.

　　학위 청구를 위해 제출한 논문은, 알 수 없는 상징과 표현들로
가득하여 금세기의 가장 난해한 문학작품으로 꼽히는 《율리시스》에
관한 연구 논문이었다. 그 책 원전의 한 페이지 끝에는 문맥의 해석
을 모호하게 만드는 문장부호가 하나 찍혀 있었는데, 그 문장부호의
의미를 해석해 내는 데 성공한 것이다. 그러고서 세월이 흘렀다. 그 청
년이 박사학위를 받은 후에도 그 책에 대한 수많은 연구와 다각도의
관찰이 진행되다가 그 과정에서 대단히 중요한 사실이 밝혀졌다. 그
청년이 학위를 받는 데 결정적 역할을 했던 그 문장부호가 실은 곤
충의 배설물, 그러니까 단도직입적으로 말해서 파리똥이라는 사실이
밝혀진 것이다. 그 뒤로 그 청년은 파리똥 박사로 불리게 되었다는 이
야기가 전해진다.

　　이 이야기가 사실일까? 아니면 웃자고 지어 낸 이야기일까? 어
떤 해석 행위를 하게 되면 그 해석의 대역폭(代域幅)이 클수록 해석의
대상이었던 기호가 파리똥 취급을 받는 경우를 더러 보았다. 저 에피

소드가 실화든 허구든 경우에 따라서는 저와 같은 웃지 못할 사태에 노출되는 것이 해석 행위이기도 하다. 그럼에도 해석 행위는 청중이나 독자의 기호(嗜好)에 영합하는 행위가 아니다. 해석 행위는 언제나 해석의 대상인 사물의 본성을 밝혀 내려는 관성을 지닌다는 점에서 일종의 폭로 행위로 임한다. 그래서 해석은 주관적 행위 같지만, 실상은 사물을 꿰뚫어 보는 능력과 더불어 근본적인 개념들을 수반함으로써 엄정한 객관성을 기치로 삼는다.

이 장에서는 그와 같은 사물의 본성을 꿰뚫는 과정에서 발생하는 고난도 해석의 대역폭에서도 어떻게 객관성이 확보되는지, 그 해석의 방법적 체계에 대해 소개하고자 한다. 하지만 해석이란 사실 그렇게 엄청난 난도를 지닌 무엇인 것만도 아니다. 그냥 우리의 일상이기도 하다. 삶에서 떼려야 뗄 수 없는 주된 언어 행위의 일환이기 때문이다. 가령 어린아이가 말을 처음 배울 때 ㄱ, ㄴ, ㄷ, ㄹ, ㅏ, ㅑ, ㅓ, ㅕ…를 익힌 다음 '가'(go)의 뜻을 알고, 그런 식으로 '나'(I)의 뜻도 알게 된 끝에 말을 터득하는 경우는 없다. 알 수 없는 말을 옹알거리다가 생애 첫 대면자를 통해 '엄마'라는 말을 처음으로 따라할 수 있게 된다. 그다음 '엄마'라는 말과 앞에 마주한 그 첫 대면자가 일치한다는 것을 인지하게 되고, 그 과정에서 엄마라는 명칭은 중요한 기억소에 저장된다. 그런 뒤에 다시 엄마를 발견하면 역시 'ㅇ, ㅓ, ㅁ, ㅁ, ㅏ'를 조합해서 부르는 게 아니라 자신이 지금 말하는 수단이 무엇인지—언어인지 무엇인지— 미처 의식할 새도 없이 순식간에 어떤 덩어리가 호흡으로 발산되고 보니 그것이 '엄마'인 것이다.

이 일련의 과정을 색인(Index)이라고 부르며, 이 색인의 사용을 초보적이나마 해석이라 부를 수 있다. 그 색인이 해석기(interpreter)

역할을 하기 때문이다. 이때 중요한 것은, 엄마라는 실존이 아닌 엄마와 엇비슷한 다른 유사한 것에 직면했을 때도 이 색인은 꿈틀댄다는 사실이다. 심리학에서 쓰는 투사(投射) 내지 음화(陰画)로도[1] 불릴 법한 이 색인 과정의 여백은 기호 작용을 이루는 일종의 공백이다. 그 공백은 앞서 호흡으로 발산했던 덩어리이기도 하다. 아기가 향후 글을 배울 때 문자로 된 'ㅇ, ㅓ, ㅁ, ㅁ, ㅏ'를 배운 다음 그 조합의 의미소를 문자 색인으로 구축하는 과정도 이전의 과정과 마찬가지다. 물론 이 색인 과정에 성공했다고 해서 엄마라는 의미를 완벽하게 해석해 낸 것은 아니다. 평생 알 수 없는 것이기도 하니까.

커뮤니케이션에는 이와 같이 문자나 구음(口音) 이전에 선행된 어떤 것이 지나간다. 그것을 편의상 기호라고 부르자. 만약 해석의 대상이 문자 기호 한 종류였다면 기호는 문자 외에 다른 사물에서는 전혀 고려될 수 없었을 텐데, 문자 시스템은 도리어 후순위로 터득되는 색인이라고 일러 두었다. 문자는 어느 정도 인공적으로 형성한 장치적인 기호체계인 셈이다. 그러면 기호란 무엇인가? 그림인가? 그렇지도 않다. 물론 오늘날 그림이 문자에 비해 중요한 위상을 장악하고 있는 게 사실이지만, 압도적인 시각 체계를 사용했다고 해서 문자가 형성해 내는 기호를 그림 기호가 압도적으로 능가하는 것도 아니다.

그렇다면 아기가 엄마를 대면하고 처음 인식하였을 때 그 기호는 무엇이었을까? 그림인가? 소리인가? 냄새인가? 그것은 그야말로 총체적인 것이 아닐 수 없다. 어디에나 있지만 어디에도 없는 총체적인 어떤 것에 대한 감각만이 인간으로 하여금 고도화의 첫 발을 딛게 한다. 그런 점에서 기호란 여전히 텅 빈 것이며, 해석이란 그 빈 공간을 채우는 행위라고밖에는 달리 말할 수 없다.

이제 기호와 해석에 관한 이론적 개관을 세 단계로 나누어 정리할 것이다. 우리가 태어날 때 기호는 소리(음성) 또는 이미지, 그리고 문자 순으로 익히게 되어 있으나 그 역순으로 정리해 갈 것이다. 문자가 이 고도화된 사회의 문명을 표징하는 최상위의 언어 수단이지만 그것은 인공적 장치 시스템으로 이루어진 것에 반해, 태어나자마자 직면했던 그 총체적 감각체계야말로 텅 빈 공백의 형식으로서 기호의 원천을 그대로 보존하고 있는 까닭이다. 오로지 그 기호만이 가장 정확한 해석을 산출한다.

그 기호를 먼저 발견하는 게 제일 중요하고, 그다음 해석을 하는 것이 중요하다.

문자와 해석

기독교는 책의 종교다. 그렇다 보니 축자영감(逐字靈感, verbal inspiration)이라는 말이 널리 알려져 있다. 하나님의 영감으로 기록되었으므로 한 글자도 틀림이 없다는 뜻이다. 이와 같은 믿음이 '성서무오설'을 낳았다. 사실 엄밀하게 말하면 '…설'자를 붙여선 안 되면서도 사람들은 '성서무오'가 아니라 '성서무오설'이라고 부른다. 그런가 하면 원전(그리스어와 히브리어로 된)도 아닌 킹제임스 성경을 원전보다도 권위 있는 축자영감으로 신봉하는 사람도 많다. 영어권 사람은 그렇다 치더라도 그걸 한국어로 다시 번역해서는 킹제임스라고 이름 붙여 축자영감으로 신봉하는 민망한 경우도 있다.

텍스트에 대한 이 같은 신념은 과학을 한동안 정지시키기도 했다. 지구중심설(천동설)에 대한 지동설의 공략이 당대에 널리 진작되었음에도 중세 교회는 교리적인 이유에서 이를 보류시켰다. 가령 "땅에 기초를 놓되 영원히 흔들리지 않게 하셨다"(시 104:5)거나, "여호수아가 아모리인과 싸울 때 태양이 중천에 머물러 종일토록 내려가지 않도록 명하였다"(수 10:13)는 말씀을 고수하기 위함이다. 그러니까 축자영감이라는 말은 정경으로 확정된 기독교인의 성서 모든 권, 모든 장, 모든 절, 모든 음절, 모든 단어, 모든 자 수가 틀림이 없다는 일종의 법이었던 것이다. 문법은 그래서 법(法)이다.

그렇지만 예컨대 마가복음의 저자 마가는 "보라 내가 내 사자를 네 앞에 보내노니…"라는 말라기의 예언(말 3:1)을 이사야의 예언으로 착각한 것 같다. 그런가 하면 요한이 전하는 예수님의 모친은 처음부터 아들이 어떤 표적을 행할 분인 줄 알고 있지만(요 2:5), 마가복음에서의 모친은 예수께서 바알세불을 힘입어 귀신을 쫓아낸다는 오명을 썼을 때 "그가 미쳤다"며 붙들러 나온 친족의 대열에 끼어 있다(막 3:21, 31). 그런가 하면 역대기에서 아하시야가 왕이 될 당시 나이가 42세라고 기록하였으나(대하 22:2) 열왕기에서는 22세에 왕이 되었다(왕하 8:26)고 기록하고 있다.

하지만 문자로 된 성경에서 포착하는 이와 같은 차이에도 불구하고 기독교인 가운데 성서 자체에 오류가 있다고 여기는 사람은 아무도 없다. 이 믿음 전선에 이상이 없는 한, 우리는 그 '차이'와 '영감' 사이에 이미 모종의 해석이 작용한다는 사실을 발견할 수 있다. 그 틈을 해석이 메우고, 축자영감이라는 고결한 원리는 전혀 다른 견지에서의 우리의 믿음으로 여전히 유효하다.

저자인 마가의 착오는 이사야가 쓴 문헌과 말라기가 쓴 문헌의 존재를 동시에 증언한다. 예수님의 모친에 대한 마가와 요한의 기록의 차이는 다른 시기에 존재했던 두 교회의 역사성을 증언한다. 그리고 아하시야 왕의 등극 당시 나이에 대한 각기 다른 기록은 두 역사가의 상이한 대본의 존재를 반증한다. 다른 말로 하면 영감(inspiration)이라는 것은 언제나 해석(interpretation)과 함께 있을 때 존속하는 것이다. 결국 이와 같은 해석이 성서를 마술 책으로 여기는 중세교회의 폭주를 정지시킬 수 있었다.

이때 우리는 보다 신빙성 넘치는 영감, 곧 해석의 중요한 가늠자 하나를 발견한다. 성경의 글자 하나하나를 부적처럼 여기는 마술적 신앙을 몰아내고 있는 바로 그것은 이사야와 말라기라는 옛 실존들과 더불어 자신의 실존성을 복원시키는, 마가의 착오가 빚어내는 역사성이다. 가령 축자영감으로 가득한 성경책을 머리에 베고 잤더니 머리가 맑아지더라는 증언은 그 속에 담긴 문자의 의미에 아무런 효력을 미치지 못했다. 그러나 문자로서 성서에는 그 저자의 착오까지 그대로 보전되어 있다. 역설적으로 그 '착오'는 오히려 죽은 문자가 아닌 '살아 있는' 문자로서의 역사성을 일으켜 세운다. 그것이 기록된 시점의 저자·피인용자·수신자 모두를 살려내고 있는 것이다. 뿐만 아니라 현재라는 시점에 놓인 우리에게 생생하게 살아 있는 의미로 임하게 하는 것 역시 문자다. 이때 문자 해석의 주된 가늠자로 역사 인식을 사용했다 하여 이 해석 방법을 '역사적 비평 방법'이라고 부른다. 이 해석 방법이 19세기부터 지금까지도 인문학 분야를 장악하고 있다.

언어와 해석

그렇지만 위와 같이 역사를 이용한 해석 방법은 큰 폐단을 불러왔다. 독일의 계몽주의(Aufklärung)나 18세기 영국의 이신론(Deism)과 더불어 급격히 확산된 이러한 해석 방법은 텍스트란 언제나 역사적 정황 안에서 생성되는 것임에도 역사적 근거는 누락한 채 독자에게 읽힌다 하여 텍스트를 가차 없이 비평하고 훼손했다.

예를 들면 마가복음의 역사적 저자 마가가 말라기의 예언을 이사야의 예언으로 오기한 것으로 보는 정도의 비평은 그나마 용인할 법한데, 텍스트 해석을 거기서 그친 게 아니라 예수 그리스도의 신적 정체성을 밝히는 텍스트의 경우 아예 비역사적인 본문으로 부정하고 나선 것이다. 당대에 이런 유행을 탄 학자들은 역사적인—바로 지금 발생할 수 없는—모든 신비로운 사건들은 사실상 다 창작에 지나지 않는 것이라고 선언하였다. 그야말로 문자 그대로 하나님의 말씀이 아니라 사람의 말로 이해한 것이다. 그러면서 '믿을 만한' 단 한 가지 역사적 사실로 남긴 것이라고는 오로지 십자가 사건뿐이었다. 이유인즉 그 사건은 역사적으로 당대 모든 사람이 모독했고 비판한 것이기에 거기에는 거짓이 있을 수 없다고 판단한 까닭이다. 그래서 역사적이라는 것이다.

이 해석 과정에서 모든 초자연적·신적 현상에 대한 증언과 기록이 불신의 표지를 달고 말았지만, 십자가 사건의 역사성만큼은 더욱 견고해지는 계기가 되었다. 이 역설적 반증에 주목할 필요가 있다. 이 우려되는 해석 과정에서 괄목할 만한 해석의 한 방도가 싹트는 계기가 되었기 때문이다.

우선 그러한 (의심의) 방도를 통한 해석 과정에서 십자가 신앙에 섞여서는 안 될 모든 신비주의나 마술적인 신앙까지 다 제거된 것으로 여겨, 이를 긍정적으로 보는 해석의 관점이 나타난 것이다. 이 같은 일련의 해석 과정을 텍스트에 대한 불신행위로만 본 게 아니라 축소(reducing) 행위로 본 덕에 얻은 성과였다.

이러한 이미지 축소의 원리는 장치로서 갇힌 문자를 두 종류의 기호로 활용할 수 있는 길을 열었다. 하나는 구어로서의 텍스트이고, 다른 하나는 이미지 곧 영상으로서의 텍스트이다. 영상으로서 텍스트는 다음 파트에서 다루고 여기서는 음성 언어로서 문자 기호와 해석을 먼저 다룰 것이다.

문어는 무엇이고 구어는 무엇인가? 문어는 문자적 해석, 즉 이를테면 저자 마가가 "선지자 이사야의 글에…보라 내가 내 사자를 네 앞에 보내노니…"라고 했을 때 그것은 이사야의 글이 아니라 말라기의 글이라는 사실이 신구약 성경 전체의 문맥(context)으로 판명되었음에도, "선지자 이사야의 글"이라고 분명하게 적힌 '마가의 글'로서 텍스트(text)를 넘어서지 못하는 불변의 축자영감을 말할 것이다. 그러나 구어(verbal text)로서 '마가의 글'은 우리가 그 텍스트를 생생한 마가의 현장 목소리로 들을 때, 세례 요한의 현장 이미지에 아무런 훼손을 가져오지 않는다는 진실로서의 총체적 언어세계에 기여한다. 해석의 본질에 한층 다가선 것이다.

앞서 살펴본 바와 같이 문어는 어떤 면에서 구어가 지닌 원초적인 표현력을 결여하고 있다. 문어는 모든 언어를 불변하게 고정시키고 원래 상태로 보존하는 영속성을 부여하는 속성이 있기에 역사와 문학의 근간이 되어 왔으나, 그 문자로 고착화시킬 때 목소리 언어로서 기능을 약화시킨다. 그래서 문자는 다시금 구어, 즉 음성 형태로 바꿔주지 않으면 안 된다. 그래야 목소리로서는 상실되었던 힘을 되찾을 수 있기 때문이다. 다시 말해 하나의 텍스트는 그것을 문자적으로 개념화하기에만 힘써야 할 대상이 아니라 오히려 우리가 귀 기울여 들어야만 들을 수 있는 자신의 목소리를 지닌 대상이다. 그러므로 그것은 장치로서의 문자로 파악하는 것보다는 총체적인 '듣기 행위'를 통해서야 비로소 이해에 다다를 수 있다. 기록된 문자라 할지라도 그것은 부지런히 듣기에 힘써야 할 목소리라는, 듣기 이론으로서의 해석 방법이다.

이는 해석 대상의 본연의 순수성을 보존할 뿐만 아니라 그래야만 그 해석 대상 자체가 스스로 말할 수 있다는 해석의 본질적 원리로 이어진다. 그러면 해석 대상 자체가 말을 한다는 것이 구체적으로 무슨 의미인가?

근대를 지나오면서 해석의 틀은 세 관점, 즉 시간(역사)·문법·정신으로 집약되었다. 여기서 시간이라 함은 앞서 든 예시에서처럼 저자 마가의 착오에서 드러난 이사야와 말라기라는 실존 인물로써 빚어지는 역사성일 것이다. 문법이라 함은 마가가 목격한 세례 요한의 이미지가 보존된 현장으로서 일종의 법정적 공간일 것이다. 그리고 정신은 그 시간과 공간을 멀리서 바라보는 우리의 내면에 자리하고 있는 일단의 정신 과정이라 할 수 있다. 이 과정은 우리가 해석 행위를 함에 있어, 진정한 해석이 아닌 수식과 설명을 입힐 경우 수사학 기술로 전락시키고 만다는 우려에서 본래 철학이 자리해 있던 것을 심리적 측면으로 제시한 것이다. 한마디로 객관적 해석을 위한 노력의 산물이다. 이와 같은 심리적 계기에서 일어나는 여러 현상학적 문제를 객관화하기 위한 노력 속에서 한층 더 진정한 해석의 본질 개념들이 일어났다.

해석에 대한 일반적 통념은 원저자의 의도를 찾아내 정리하는 정도의 수준을 그 객관성으로 여겨왔다. 그러나 저자 마가의 말라기 인용에 관한 오기가 저자의 의도와 다른 의미의 '살아 있는' 문자로 치환된 예시는 텍스트 스스로 작용을 일으키는 객관적 원리에 부응한다. 이러한 원리를 토대로 해석의 대상을 바라보되 보다 적극적인 인식으로 발원하여 아예 원저자의 의도와 관계없이 체험에 초점을 맞추어 해석하는 새로운 해석의 지평이 열렸다.

이러한 역사 개념의 변화는 무엇보다 의미에 대한 변화로 직결된다. 이때의 '의미'는 역사를 초월한 어느 지점에 있거나 역사의 외부에 있는 것이 아니라, 역사적으로 규정되는 순환의 한 부분을 차지하기 때문이다. 또 여기서 순환이라는 것은 그때 그 당시의 상황과 동떨어진 결과로서의 지점이 아니라 상황의 한 부분으로서의 의미 지점이라는, 한 해석의 관점으로서의 역사 인식을 말한다. 그래서 역사 자체도 실상은 고정된 어떤 것이 아니라, 시간과 함께 순환관계에 있게 된다는 개념에 이른 것이다.

이와 같은 시간성의 해체는 앞서 계몽주의나 이신론이 들여온 경직된 역사학파, 이성주의, 과학주의의 장치로서의 객관주의를 깨뜨리고 진정한 해석의 본질 단계에 올라서게 했다. 이제 의미의 본질은 시간의 차이와 공백 속에서만 발생하게 되었기 때문이다.

'엄마'의 진정한 의미는 사전적 색인을 통해 아는 것이 아니라 반드시 시간성 속에서 의미가 전달되는 것과 같은 원리다. 자신이 엄마가 되고 난 다음이 아니고서야 어찌 그 '엄마'라는 문자의 진정한 의미를 해석하겠는가?

이러한 재인식된 역사/시간 원리에 따라 해석은 텍스트에 대한 단편적 해석 수준이 아니라 사상을 은폐로부터 벗겨 내는 근원적 행위를 말하는 것이 되었다. 어머니 혹은 아버지가 갖는 의미가 죽음이라는 시간성의 부재(不在)를 통해 은폐로부터 폭로되는 것과 같은 이치다. 우리가 해석 대상에게 해석을 부여하는 것이 아니라 해석 대상 자체가 우리에게 스스로 보여 주게 만든다는 개념으로 전환한 것이다.

이것이 바로 우리가 읽기를 선점해야 하는 원리이다. 그리하여 해석 대상은 이론적이고 분석적인 파악에 의해 드러나는 것이 아니라 그 해석 대상이 세계 속에서 갖는 지위—다른 말로 하면 세상 속의 총체적인 도구적 연관—속에서 은폐를 벗겨내는 순간 저절로 드러난다.

그리하여 결국 이러한 해석의 원천 개념은 해석 대상이 지닌 진정한 배후로 파고들어 원저자가 말하지 않았고 또 미처 말할 수도 없었지만 가장 본질적인 것으로 간주될 수 있는 해석 지점까지 파고 들어간다. 이제는 인간이 말을 하는 것이 아니라 언어 자체가 말을 하게 된 것이다. 우리 자신이 무슨 말을 했는지는 우리가 했던 그 말들이 어느 정점에 가서 스스로를 드러내지 않던가(정치인들의 과거 언사를 보라). 문자로 하여금 스스로 말하게 하는 언어로서의 지위도 괄목할 만한 성과지만 역사 자체에 대한 완전한 자유야말로 해석 방법의 한 차원 상승된 단계로 들어서는 길목이다. 인간 본성에 철저한 역사 인식이 낡은 축자영감식 계몽주의적 역사관의 종식을 고한 것이다.

그 같은 방식으로서의 해석이 지나가는 길목은 구체적으로 '사이'에 있다. '은폐된 것'과 '드러난 것' 사이, 즉 그 경계에 머물려는 부단한 노력만이 이 궁극적인 해석 행위에 부여된 천명(天命)이다. '사이'는 역사와 시간 개념 속에서 살펴 본 바 있다. 부모의 진정한 의미는 필연적으로 죽음의 부재 속에서만 그 의미가 환기된다고 했는데, 실은 부모와 같은 육친의 의인(義人)뿐 아니라 사회적 의인도 마찬가지다. 우리는 사회 속에서 하루에도 수많은 의인을 스쳐 지나치지만 그들이 주로 불운하게 비명횡사했을 때만 관심을 갖고 그 의미를 진작시키려는 태도를 보인다.

이 같은 '사이' 개념을 통한 해석의 적극적인 수용 가치는 궁극적으로 우리가 우리 자신의 세계로부터 벗어나 해석의 세계로 들어가기보다는 텍스트 자체가 우리 현재의 세계 속으로 들어오게 한다는 사실에 있다. 텍스트가 우리의 현재로 다가오게 해야 한다는 역사관으로 점철되고 만 것이다. 사물을 해석한다는 협의의 개념에서 보다 확장되어 '사이'(세계)라는 개념을 통해, 우리의 언어는 도리어 은폐된 세계를 벗겨 낸다. 여기서의 '세계'는 물리적 환경으로서의 세계가 아니라 언어 세계를 말한다. 그렇기에 전통적인 해석학 거장들은 '사이' 곧 '세계'란 인간 외의 다른 동물이 소유하지 못하는 것이라고 했던 것이다. 언어를 갖지 못하기 때문이다. 다시 말하면 여기서의 세계란 사람과 사람 '사이'에 발생하는 원리인 셈이다. 이로써 종전의 상승된 문자적 지위는 소리(구어)로서 언어 개념을 거쳐 '사이'라는 언어 개념 속에서 세계를 열고 닫을 수 있는 관문(關門)의 지위로 한층 격상되기에 이른 것이다.

그렇지만 이와 같은 해석의 방도는 텍스트를 향한 폭력과 윤리의 결여를 고스란히 드러낸다. 왜냐하면 그것은 (언어가 결여된) 동물에게만이 아니라 다른 언어를 가진 사람에 대한 소외도 유발하기 때문이다. 이 소외는 빈자(貧者)와 부자의 언어 '사이'(차이)를 정당화할 것이며, 유색인종과 백인의 언어 '사이'(차이)를 정당화하고 말 것이다. 그런 점에서 이렇게 이념에 정당성을 부여하는 언어 해석은 변증법적 경향을 드러내는 동시에 음성 언어 해석의 한계를 드러내게 되었다.

문자 해석과 언어 해석의 이런 한계는 다음과 같은 해석 방법을 통해 보완할 수 있다.

영상과 해석

영상(映像)이라는 말은 원용적 의미에서 이미지(image)라는 말을 번역한 용어다. 이미지라는 단어가 국내에서는 IT/컴퓨터 분야에서 그림 포맷을(비디오와는 구별된) 지시하는 용어로 전용되다 보니 의미의 폭이 줄어들고 말았지만, 이미지라는 말은 예컨대 "우리의 형상을 따라 우리의 모양대로"(창 1:26)라고 했을 때의 형상을 일컫는 말이다. 형상은 모양과 함께 본래 히브리어 원전에서 잇달아 붙은 결합 구조로, 이중의 형식이 아니라 단일한 상(像)에 대한 표현이었지만 70인역이[2] 그 둘 사이에 접속사를 붙여 번역하는 바람에 이원적 형식의 전형이 되고 말았다. 히브리어 성경에서는 "우리의 형상 안에서, 우리의 모양을 따라"(in our image, after our likeness)이지만 70인역 즉 헬라어 성경에서는 "우리의 형상과 모양을 따라"(our image and likeness/εἰκόνα ἡμετέραν καὶ καθόμοίωσιν)로 번역된 것이다.

이때 그리스어 '에이콘(εἰκών)'으로 번역한 '첼렘(צֶלֶם)'인 '형상'은 '모양'으로 번역된 '데무트(דְּמוּת)'를 담고 있는 전체이다. 데무트를 그리스어로 옮긴 '호모이오마(ὁμοίωμα)'가 '흡수', '동화'라는 뉘앙스를 띠는 점을 감안할 때, 닮음을 뜻하는 '모양'이 그 이미지(형상)에 내재된 상태를 표지한다는 점에서 '영상'은 '이미지'에 대한 탁월한 번역이다. '비치다/반사하다'는 뜻을 지녔기 때문이다. 이 어휘적 원리는 이 책에서 영화를 해석의 주된 예제로 선정한 이유이기도 하다.

앞서 상술한 바와 같이 문자 해석과 언어 해석의 방법적 논의들과 함께 그 발달과정을 살펴보았다. 그러나 그것은 발달이라기보다는 퇴행 속에서 객관성이 확보되어 왔음을 확인케 했다. 문자는 제일 나중에야 배우는 최종적 장치로서 언어이기 때문이다. 결국 이들 해석의 발전은 문자 언어에서 음성 언어로, 음성 언어에서 영상 언어로 회귀(아기의 언어를 포괄하는 언어로 회귀했다는 점에서)하면서 이루어진 셈이다. 영상이라는 기호는 원본적 성향이 짙은 문자와 달리 의미소가 다양하게 존재한다는 점에서 앞서 아기 때 사용한 색인처럼 의미화가 모호성을 띠고 나타나기 때문이다(실은 모호한 게 아니라 다양했던 것이다). 그것은 어린아이의 언어가 자의적이듯 영상텍스트도 자의적인 연유와 맞물린다.

이 자의적 기호에는 한계가 규정되지 않아 끊임없이 확장되다 보면 통상적 구도의 의미는 소외당하거나 부정당하기에 이른다. 이것이 해석의 큰 대역폭을 일으킨 것이다. 이를테면 영화 〈검은 사제들〉이나 〈곡성〉이 그런 예일 것이다. 원저자가 의도한 작법을 압도적으로 뛰어넘은 해석의 예다.

그런데 영상은 문자 텍스트와 마찬가지로 고착화된 상태로 생산된다. 문어일 때는 텍스트 자체에 살아 있는 소리나 이미지가 갇혀 있는 반면, 영상은 자신이 소리와 모양 안에 문어처럼 갇혀 있기 때문이다. 그러므로 이미지 곧 영상을 해석하기 위한 영상 텍스트로 변환하는 능력을 갖추려면 일단의 복수의 체계로 그 영상을 인식할 수 있는 능력을 길러야 한다.

이것이 바로 영화를 '읽는다'는 의미인 것이다. 영상은 보는 매체인가, 읽는 매체인가? 문자는 읽는 매체인가, 보는 매체인가? 앞서 소리(목소리)가 들리는 구어로 변환시켜 주었을 때 문어 텍스트가 해석의 본질에 응했던 것처럼, 영상은 읽기에 가능한 텍스트로 변환시켜 주었을 때 비로소 궁극적 해석의 본질에 다다르는 것이다. 이것을 다시 푸는 방법은 복수의 체계 중 하나, 즉 텍스트처럼 '읽는' 방법 외엔 없는 것이다. 이때의 영상을 영상 텍스트라고 부른다.

따라서 영상 해석이란 단지 '영화 해석'이라는 의미가 아니라 문자와 언어를 아우르는 해석의 총체로서, 영화를 한 편의 텍스트로 읽는가 하면 문자를 한 편의 영상으로 읽어 내는 전역적(全域的)인 해석의 기술을 이르는 개념이다. 실례를 통해 보면 이런 것이다.

서기관들과 바리새인들이 음행 중에 잡힌 여자를 끌고 와서 가운데 세우고 예수께 말하되

"선생이여 이 여자가 간음하다가 현장에서 잡혔나이다 모세는 율법에 이러한 여자를 돌로 치라 명하였거니와 선생은 어떻게 말하겠나이까"

그들이 이렇게 말함은 고발할 조건을 얻고자 하여 예수를 시험함이러라 예수께서 몸을 굽히사 손가락으로 땅에 쓰시니 그들이 묻기를 마지 아니하는지라 이에 일어나 이르시되

"너희 중에 죄 없는 자가 먼저 돌로 치라"

하시고 다시 몸을 굽혀 손가락으로 땅에 쓰시니 그들이 이 말씀을 듣고 양심에 가책을 느껴 어른으로 시작하여 젊은이까지 하나씩 하나

씩 나가고 오직 예수와 그 가운데 섰는 여자만 남았더라 예수께서 일
어나사 여자 외에 아무도 없는 것을 보시고 이르시되

"여자여 너를 고발하던 그들이 어디 있느냐 너를 정죄한 자가 없느냐"

대답하되 주여 없나이다 예수께서 이르시되

"나도 너를 정죄하지 아니하노니 가서 다시는 죄를 범하지 말라"

하시니라

위 본문을 보면 예수 그리스도와 바리새인들 간에 해석을 둘러
싼 논쟁이 벌어졌음을 알 수 있다. 우선 문자적으로 드러나 있는 것들
과 드러나지는 않았지만 말하고 있는 것들을 구분할 수 있다. 서기관
들과 바리새인들이 간음한 여자를 데려온 목적은 고소할 구실을 얻
고자 시험함이다. 그 시험의 과제가 모세의 텍스트(율법)임은 드러나
있는 사실이다. 그러나 그 모세의 텍스트가 구체적으로 어떤 구절인
지는 드러나 있지 않고, 그 시험이 예수로 하여금 어떤 행동을 유발
하는지도 문자적으로는 드러나 있지 않다. 모세의 텍스트에 어떠한
해석을 가하여 판단해야 하는 상황이다.

그리고 그 해석해야 할 내용이 구체적으로 간음죄임은 문자적
으로 드러나 있지만 "간음하다가 현장에서 잡혔다"는 삽입구는 예수
로 하여금 해석의 어려움을 가중시키고 있음에도 이 역시 언뜻 드러
나지 않은 은폐된 상황에 속한다. 게다가 서기관들과 바리새인들의
입을 빌어 아예 모세의 판결문까지("돌로 치라") 고지된 것으로 미루어
예수와 바리새인 간에는 해석해야 할 모종의 텍스트가 가로놓여 있
는 듯하지만, 이 역시 은폐된 까닭에 본문에 귀 기울이지 않으면 들
을 수 없는 것이다. "돌로 치라"는 명시된 문맥으로 볼 때 레위기 20

장 10절이나 신명기 22장 22-24절 정도를 유추할 수 있다.

예수께서 봉착한 난관은 이것이다. 죄인에게 용서를 선고하면 사랑(요 13:34)이 핵심을 이루는 새 계명에는 위배되지 않지만 모세의 율법 텍스트를 어기게 되므로, 계시에 입각한 자신의 메시야성은 손상을 입게 된다. 율법 파괴자가 되고 마는 상황이다. 그렇다고 그들의 주문대로 '돌로 치라'는 형(刑)을 선고하면 사랑/용서라는 새 계명이 무위로 끝나 버리고 마는 논쟁적 구도이다.

결국 내려진 대답은 "너희 중에 죄 없는 자가 먼저 돌로 치라"였다. 이 선고로써 살기등등했던 모든 군중이 그 자리를 회피하고 떠나게 하는 결과를 얻어냈다. 율법이 지시한 처형은 무위로 끝나 버린 것이다. 여기서 하나의 공백이 발생한다. 과연 예수 그리스도의 판결이 어떤 해석으로 작용했기에 저 살기등등한 현장이 일소되었는가 하는 점이다. 그 해석 작용이 반영된 역본 하나가 있다.

"by their own conscience,"(KJV, LUO)

"너희 중에 죄 없는 자"라는 표현이 회중으로 하여금 '양심에 가책을 불러일으켰을 것'이라는 추측의 번역이다(ASV, NAS, NIV, NLT, NRS 등에는 없는 의역이다). 그렇다면 이 모든 사람이 단지 양심의 가책 때문에 다 돌아갔다는 것인가? 이 본문의 해석을 그렇게 속단하는 바람에 이 영상을 단순한 신파가 되고 말게 했다. 그런 것이 아니다.

이 단화(短話)에서 가장 은폐되어 있는 소리로서의 기호는 예수님의 판결이 문자로서 율법 해석에 어떻게 작동했는지에 대한 점이다. 우선 서기관들과 바리새인들이 "돌로 치라"고 한 것을 예수께서는 "한 개의 돌을 던지라"고 정정하여 선고하였다. 그리고 그 앞에 "먼저"라는 단서 조항을 붙였다.

그것은 신명기 17장 7절의 어투를 드러내는 것이다. "그를 죽음에 놓이게 할 때는 증인들의 손이 먼저 그의 위에 있게 할 것"이라는 원문을 참조했을 때 우리는 저 군중이 모인 현장과 모세의 텍스트의 '사이'에서 한 '세계'를 발견한다. 문자적으로는 드러나지 않았지만 그것은 어떤 자가 돌을 '먼저' 던질 수 있겠는가 하는, 그 자격에 대한 되물음으로 작용했을 강력한 텍스트의 목소리를 듣게 되는 것이다.

만약 이 처형 방식이 불특정 다수에 의해 동시다발적으로 돌을 들어 던지는 것이었다면 군중심리에 묻혀 처형 집행자들의 부담감은 최소화될 수 있다. 그러나 모세의 텍스트는 "먼저 죄인 위에 손을 대는 자를"─신명기 17장 7절을 문자대로 해석하면 그 던지는 행위는 죄인 위에서 (수직으로) 돌을 대는(내려치는) 처형법으로 암시된다─선임하고 있다.

따라서 여기서의 증인이라는 의미는 단순한 목격자라는 의미를 넘어 단독으로 사람을 죽일 수 있을 정도로 확신이 있는 자를 말한다. 그 죄인이 죽는 것에 대해 오심(誤審)이 아님을 확신하고 책임질 수 있는 사람, 그리고 무엇보다 그 처형에 대한 의지가 누구보다 확고한 사람, 그런 자가 아니면 섣부르게 나설 수 없었을 상황임은 문자적으로는 나타나지 않지만 이 은폐되었던 사실이 벗겨지는 과정에서 '들을 수 있는' 한 세계의 소리이다.

그러니까 예수님의 판결에 나타난 해석은 바리새인이 함정으로 제시한 모세의 텍스트 가운데 '먼저'라는 말에 담긴 역학적 기능을 이용해 듣는 이로 하여금 스스로 되묻게 했다는 점에서 바리새인의 문자적 해석을 압도한다. 그 목소리를 통해 들려오는 이 텍스트 본래의 목적은, "그를 죽음에 놓이게 할 때는 증인들의 손이 먼저 그의 위에 있게 하라"는 조문의 본령(本令)이 결코 즐겨 처형하는 데 있는 게 아니라 도리어 (역설적 의미에서) 용서의 방도를 부지런히 찾았어야 한다는 율법의 본질에 대한 폭로로서 임한다. 그것은 결국 사랑이라는 새 계명과 모세의 텍스트가 일관성을 유지한다는 사실을 밝히는 해석 행위인 셈이다. 그런데 우리는 여기서 또 하나의 '사이'요 '세계'를 발견한다. 이것이 바로 영상(映像)으로서의 텍스트의 한 대목이다.

위에서 본질을 밝힌 선언, 즉 모세의 원 텍스트(신 17:7)를 본래의 의도에 맞게 제대로 해석한 본문을(요 8:7) 시각적으로 감싸고 있는 예수 그리스도의 동작 곧 영상이 나타나 있다. "몸을 굽혀 손가락으로 땅에 쓰시더라"는 동작이 두 번이나 반복되는 것이다(대부분의 독자가 여기서 동작이 두 번이라는 사실을 의식하지 못한다). 모세의 원 텍스트, 즉 신명기 율법 조문을 2회의 동작이 감싸고 있다는 사실 자체에 의미가 있을까, 아니면 2회라는 횟수에 의미가 있을까, 아니면 쓰인 곳이 땅/흙이라는 점에 의미가 있을까?

이런 해석은 장치로서의 문자 혹은 말하게 하는 텍스트로 이해할 수 있는 것이 아니라 전적으로 참된 상을 '보는' 방식으로 보았을 때 비로소 열릴 수 있는 해석의 세계다. 이 해석의 창을 통해 들여다보았을 때 우리는 우선 그 도상이 하나님이 친히 써주셨던(출 31:18) 돌판을 의미한다는 사실을 안다. 그것은 모세에게 있어 돌판이 두 번 제작된 경위를 표지한다. 즉 모세가 하나님께서 친히 써주신 돌판을 깨뜨릴 수밖에 없었던 율법에 대한 이스라엘 민족의 고질적인 반역을 이들 바리새인과 서기관이 고스란히 답습하고 재현해 내는 것이다. 그런 점에서 손가락으로 땅에 뭔가를 쓰는 예수님의 도상(圖像) 행위는 하나님이 자기 손가락으로 모세에게 친히 써주셨던 구약 하나님으로서의 예형(豫形)을 참된 상(像)으로서 예수께서 성취하고 있다는 도상해석에 다다를 수 있는 것이다.

이것이 영상 기호와 그에 따른 해석의 원리이다. 한 편의 텍스트 영상, 즉 텍스트를 이미지로 도상화했을 때 얻어질 수 있는 기호이며, 그 기호를 다시 풀어 줄 때 비로소 얻을 수 있는 참된 해석이다. 이와 같이 영상에 대한(의한) 기호와 해석이란 단순한 '영화 해석'이 아니다. 그것은 문자 텍스트를 (영상)기호로 변환해 주거나, 또는 반대로 영상 화면을 다시 텍스트로 변환해 주는 총체적인 원리다. 앞서 간음하다 붙들려 나온 여인의 이야기 예시가 문자 텍스트를 영상 기호로 변환한 예시라면, 다음 장부터 이어지는 열네 편의 영화에 관한 이야기는 영상을 텍스트로 변환해 주는 기술에 대한 예제들인 셈이다. 어떤 것은 해석의 대역폭이 큰 반면, 어떤 것은 평이한 역사와 시간성 속에서 해석 행위를 시연해 갈 것이다. 그럼에도 이들 모든 예제를 통해 꾀하는 해석의 핵심은 해석의 대상인 자신이 스스로 말하거나 보여 주게 한다는 데 있다.

§

《율리시스》에 찍혀 있다는 파리똥 이야기의 진실은 이것이다. 제임스 조이스는 매우 꼼꼼한 작가였다. 작은 결함조차 참기 어려웠다고 한다. 1922년 2월 2일 '셰익스피어 앤 컴퍼니'에서[3] 《율리시스》 첫 출간이 이루어졌다. 이 책방의 설립자인 실비아 비취가 편집을 맡아 그와 함께 교정·교열을 마쳤다. 그러나 그것은 결코 완벽한 작업이 아니었다. 추가 교정은 향후 재출판 과정에서 이루어졌다. 1933년 그의 친구 스튜어트 길버트(Stuart Gilbert)가 적잖은 오류들을 찾아내 고쳐줬다. 독일 함부르크에 있는 출판사 오디세이(Odyssey Press)를 통해 프랑스어 역본을 내는 과정에서 이 친구가 번역을 맡았는데, 그 과정에서 텍스트가 전체적으로 개정된 것이다. 최종 교정은 1936년경 이루어졌다. 조이스는 영국에 있는 보들리 헤드(The Bodley Head)라는 출판사를 통해 또 한 번 재출간하면서 오탈자 교정 외에도 몇 가지 문제들을 발견해 손을 볼 수 있었다. 이와 같이 하나의 책이 나오기까지는 저자와는 별개로 출판과 편집에 관한 다양한 노력들이 요구되는데, 그 파리똥 이야기도 이 역사 현장에서 발생한 일화였다.

조이스의 그토록 난해한 책 마지막에서 두 번째 장 끄트머리에서 점 하나가 출판·편집인에게 포착된 것이다. 그리하여 원저자에게 보고되었지만 어찌된 일인지 편집자의 그 분명한 질문에 대한 조이스의 대답은 어정쩡한 것이었다고 한다. 오히려 조이스는 그것을 제거하기보다는 더 큰 점이 되도록 요구했다고 알려져 있다.

이것은 전문가들을 혼란에 빠뜨리기에 충분했다. 두고두고 그 난해성에 대한 도전적 연구를 진작시킨 것이다. 그러던 중 뮌헨 대학교의 한스 발터(Hans Walter Gabler) 교수가 새로운 의견을 냈다. 여러 초고와 본문 비평에 의거해서 봤을 때, 이러한 상황이 발생한 이유는 단순히 초판인 1922년도 판본을 손대면서 생긴 일이 아니라 조이스 자신이 더 이전의 초고를 참고하여 개정에 참여한 결과라는 것이다. 참고로 제임스 조이스는 원고를 교정할 때 자신의 기억에 더 의존했다고 한다.

저 유머와 팩트 사이에서 우리는 중요한 두 가지 사실에 직면한다. 하나는 곤충의 배설물로 여겨진 그 '점'은 기호인가 아닌가 하는 점이고, 만약 기호로서 자격을 승인한다면 그 기호의 기의(記意) 곧 해석은 무엇인가이다.

우선 저 기호는 그야말로 기호 자신의 본성을 다하고 있다. 사람들로 하여금 큰 혼란과 논쟁이 일게 했다는 점에서 그것이 문자적인 의미보다는 기호의 본성인 공백으로 임하고 있기 때문이다. 이것이 바로 축소와 확대를 능하게 만드는 이미지 구심축이기도 하다. 가령 수백만 픽셀의 이미지를 아주 적은 픽셀로 축소해도 그 이미지의 모양은 동일하게 읽힌다. 축소했을 때 달라진다면 그것은 위작이거나 위본인 것이다. 실제로 《율리시스》를 번역하는 번역가들이 가장 난제로 호소하는 것은 번역할 때 그 다량의 구두점들을 어떻게 옮기느냐이다. 사실상 옮길 방도가 없다는 것이다. 이때 그 공백에서 발생하는 것이 바로 해석이며, 해석의 진위는 그 앞선 기호와 다시 맞물려 순환관계로 접어든다.

다소 급진적으로 말하자면, 작품에 대하여 저자는 신뢰할 수 없는 저자라는 사실이다.

성서 사본학 개념을 적용하면 이는 '진본이란 존재하지 않는다'는 말과도 맥이 닿을 것이다. 진본이 존재하지 않기에 모든 사본과 역본을 정경(canon)으로 인정하는 기독교 성서 텍스트 원리와 달리, 어떠한 번역본도 정경으로 인정하지 않으면서 자기네 말로 된 단일 경전만을 유일한 정경으로 고수하는 이슬람 문화에서 지금 이 시간에도 살육이 들끓고 있는 현실은 텍스트에 관한 상대적 이념의 결과다. 어떠한 상징도 기호도 허용하지 않는 것이다. 상징을 허용하지 않는 공산주의와 이슬람이 폭력적인 데는 다 이유가 있는 법이다.

제1장_ 레버넌트

복수는 하나님의 것

+ 감독	알레한드로 곤잘레츠 이냐리투
+ 주연	레오나르도 디카프리오, 톰 하디
+ 개봉일	2016. 01. 14. 미국
+ 상영시간	156분
+ 등장인물	휴 글래스(레오나르도 디카프리오), 엘크 독(듀안 하워드),
	존 피츠제럴드(톰 하디),
	짐 브리저(윌 폴터),
	앤드류 헨리(도널 글리슨).

+ 줄거리 19세기 초 아메리카 대륙의 뛰어난 사냥꾼 휴 글래스는 한 모피 회사에서 고용한 용병들의 안내자로 일한다. 인디언의 위협과 장엄한 자연 속에서 일행을 안전하게 안내하는 일이다. 어느 날 그는 홀로 정찰하다 회색 곰과 만나는 바람에 온몸이 찢기는 부상을 당하게 된다. 더 이상 임무를 수행할 수 없게 되었지만 그동안의 안전한 안내에 감사하던 인솔 장교는 용병을 붙여 휴의 목숨이 다할 때까지 돌봐주고 장례를 치러 주라는 특별한 임무를 부여한 뒤 떠난다. 하지만 인솔 장교 일행이 떠나자마자 용병 존은 휴의 아들을 살해하고 휴를 생매장한 채 떠난다. 사지를 움직일 수 없는 상태에서 아들의 죽음을 목격해야 했던 휴는 무덤에서 살아나와 복수하기 위해 약 4천 킬로미터를 만신창이가 된 몸을 이끌고 존의 뒤를 좇는다.

얼마 전 비(非) 기독교인 학생도 들을 수 있는 기독교 인문학 강좌를 구상하면서, '개혁·변화…'라는 키워드를 중심으로 영화 〈아바타〉에 관한 리뷰를 과제로 낸 적이 있다. 과제 가운데 한 기독교인 학생의 것이 눈에 띄었다.

그 학생이 기독교인이라고 생각한 것은 리뷰 내용 때문이다. 우선 아바타에 등장하는 나비족은 사악한 샤머니즘 집단이라고 했다. 그러므로 그 같은 미신과 우상숭배 사상은 개혁·변화의 대상이며, 그렇게 해악을 끼치는 영화는 봐선 안 된다는 말로 끝맺었다.

그 발표를 들으면서 '아닌데… 아닌데…' 하다 그만 다음과 같은 지적을 쏟아 붓고 말았다. 이 영화의 나비족은 실제 미국의 인디언이며, 그들이 사는 행성은 난개발로 점령당한 그들의 땅 아메리카 대륙을 상징하고, 특히 그렇게 점령했던 백인들의 주된 종교가 기독교였기에 영화에서는 그렇게 그 행성의 성산(聖山) 이름도 '할렐루야'였던 것이라고 일러주었다.

그 후, 학기말 학생들의 강의 평가란에는 이런 말이 올라와 있었다.

편파적인 종교관이 아니어서 좋았습니다만 역시 비진리여서 안타까웠습니다. 더 늦기 전에 진리를 만나시길 간절히 기도드립니다.

다소 도식적 연출과 편집 때문에 아쉬웠던 영화 〈레버넌트〉를 보고 나도 평점 7점 이상(10점 만점)은 줄 수 없었지만, 관람 후 줄곧 몇몇 장면이 잊히지 않았다. 그것은 레오나르도 디카프리오의 연기력 덕택이겠지만, 자꾸만 저 아바타의 맥락과 중첩되었기 때문일 것이다.

인디언 같은 백인 그리고 큰 사슴

〈아바타〉의 주인공 제이크 설리가 용병으로 나비족에 잠입했다면, 〈레버넌트〉의 휴 글래스(레오나르도 디카프리오)는 인디언 여성과 결혼해 아이를 낳고 가족을 이루면서 그 일원이 되었다. 그리고 〈아바타〉의 제이크가 나비족 학살에 분개해 전향한 나비족 전사가 되었다면, 〈레버넌트〉의 글래스는 자기 가족을 학살한 백인 장교를 살해한 이력이 있다. 그런데 어찌된 일인지 아바타의 백인들은 희귀한 광물을 탐내 그 땅에 발을 들여놓은 반면, 〈레버넌트〉에서의 노다지는 은금 광물이 아니라 모피다. 모피, 동물의 피부인 가죽. 이 영화의 도입부는 그래서 동물의 가죽을 벗기느라 피로 흥건한 풍경, 그리고 한쪽에서 주인공 글래스가 큰 사슴을 사냥하는 장면으로 시작한다.

Back-Trailing on the Old Frontiers—Drawing by CHARLES M. RUSSELL

Hugh Glass, Frontiersman, Attacked by Grizzly Bear

Frontier Adventures of Hugh Glass a Century Ago

THE king of wild beasts of the Rocky mountains is the grizzly bear. While seldom encountered today excepting in the remotest and most inaccessible fastnesses of the Rockies, this monarch of the wilderness a century ago was the one animal which hunters and trappers considered really dangerous. Grizzlies were called by the earlier explorers "white bear," and many were the narrow escapes related by members of the Lewis and Clark party and other frontiersmen who were attacked by monsters of this species and threatened with death in a terrible form. There were few among the mountain men who had not had disastrous experiences with them at one time or another.

The grizzly bear is distinguished from other species of bear by a number of marked characteristics, such as facial profile, shape of anterior claws, color of hair and its lack of ability to climb trees. The color varies greatly, but there is usually enough white hair in its fur to give it a grayish color. In size the grizzly averages about 6 feet in length from nose to tail tip, although they have often been found 9 feet, and some have measured as much as 14 feet in length. A grizzly usually weighs about 500 pounds, but of course the larger specimens weigh much more.

It is not only a most powerful brute, but is extremely tenacious of life. The male has the reputation of not being pugnacious, rarely attacking a man without provocation, and even when wounded often attempting to escape until brought to bay. The female, when her cubs are small, is savage and dangerous always. Either sex of the grizzly, when thoroughly roused, shows terrible rage and strength. Hunters have often noticed that when struck by a bullet, a grizzly will start instantly in the direction from which it comes without waiting to see its enemy.

Shot Will Not Stop Rush

At close quarters no living thing can withstand a fighting grizzly. Its attack is from a standing position, first by a blow from its forefoot, followed by gnashing and tearing with mouth and claws. An old hunter gave this advice: "Never fire at a grizzly in a hurry. Never be stampeded by a bear's rush. It will always stop, rise on its hind legs and prepare to strike a sidelong blow with its fore feet. At this moment, when its head is extended and in a position in which the bullet will not glance, aim between the eyes and fire and the bear will fall dead. A shot through the heart frequently will not stop a grizzly. Many a man has been killed and horribly mangled by one of these brutes after it has been shot through the heart. The only really safe shot is between the eyes or behind the ear. Either kills instantly."

The most notable story of an encounter between a white man and a grizzly was that of Hugh Glass. Possibly this true tale, which was one of the most sensational happenings of the frontier a hundred years ago, has survived in the annals of the fur days because of the amazing facts involved in it that have to do with treachery and a man's grim fight to live to be revenged.

Glass was born in Pennsylvania, but nothing is known of his life before he enlisted with the second Ashley-Henry expedition to the Rocky mountains in 1823 and was wounded in a fight with the Aricaras on the Missouri river. He was then called an "old man," and was one of the best marksmen and hunters in the party. Under Maj. Andrew Henry a party set out to trap beaver and explore Yellowstone river, and Glass was detailed as hunter, an extremely important duty. One morning he was in advance of the party, forcing his way through a thicket, when he suddenly came upon a monster female grizzly bear that rose and attacked him before he had time to "set his trigger" or even turn to fly. The bear seized him by the throat and lifted him from the ground. Then hurling him down, the ferocious beast tore off a mouthful of his flesh and lumbered to her cubs, which were close by. Glass now tried to escape, but the bear, followed by her cubs, attacked him again. Seizing him by the shoulder she crunched his hands and arms between her teeth.

Left for Dead in Wilderness

Glass was in a terrible condition and had given himself up for dead when a companion detailed also as a hunter appeared and shot at one of the cubs. The other, a half-grown bear, drove him into the water, where he stood waist deep and killed his pursuer with a shot. Just then the main lodge of trappers arrived, having heard cries for help. A dozen guns cracked and the mother bear fell dead over the prostrate Glass. It was found that he was still alive, but in an apparently hopeless condition. His whole body was mangled, he could not stand and suffered excruciating pain. No surgical aid could be given and it was impossible to move him.

Delay of the party in this hostile Indian country might mean disaster to all, and a lengthy council was held to determine what course to take. Finally Maj. Henry induced two men by a reward of $82 to remain with Glass until he should expire, as not the slightest hope for his life was entertained. These men stayed with Glass for five days, when, despairing of his recovery and yet seeing no prospects of his immediate death, they cruelly abandoned him, taking with them his rifle and all his accoutrements, so that he was left without any means of defense, subsistence or shelter. The pair then set out on the trail of Maj. Henry's party and when they overtook them reported that Glass had died of his wounds and that they had buried him in the best manner possible. They showed his belongings and their story was not doubted by anyone.

But Glass was not dead, and, although almost entirely helpless, he managed to drag himself to a nearby spring, over which hung buffalo berry bushes and a few branches containing wild cherries. When he realized the treachery of his companions he did not despair, but grimly determined to live to avenge them and kill them. With the utmost effort he managed to pick enough berries and cherries to keep from starving. Gradually he nursed back his strength until he at first could crawl and then walk. His plan was a sufficiently desperate one, but offered the only chance for life. It was to strike out for Fort Kiowa, a trading post on the Missouri a hundred miles away. With hardly strength enough to drag one leg after the other, with no provisions or means of obtaining any, he started. Upheld only by the deep-set purpose of living to hunt out the men who had deserted him, he made mile after mile.

Walks 100 Miles for Revenge

One evening he came upon a pack of wolves that had surrounded a buffalo calf and were attacking it. He shouted and brandished a stick, frightening the animals away. He had no knife and managed to tear off enough meat from the calf to make a meal, eating sparingly. When he felt stronger, he took as much as he could carry, and after hardships and distress reached Fort Kiowa, where he rested for a few days. Before he was again in fit condition to travel, and with some of his wounds still in bad shape, he had an opportunity to join a party of trappers bound for the Yellowstone and seized it eagerly. He was willing to retrace his steps into the wilderness to the west on the chance of meeting Henry's party and the intended victims of his revenge.

Again fate played a strange trick. When the party were nearing the Mandan villages on the Missouri, Glass decided that he could save some time by going overland across a big bend in the river to Tilton's fort, a trading post. Still possessed of the one overwhelming desire for revenge, he struck out alone. By doing so he saved his life once more, for the next day the Aricara Indians attacked the party he had left and killed every man.

As Glass neared Tilton's fort, he saw two squaws in the brush and recognized them as Aricaras. He tried to hide, but too late, for the women had seen him, and at once notified their men, who started after him. Still feeble from his injuries, he made little speed, and

Fight With a Bear That Became a Classic in the West

just as the Aricara warriors were coming within gunshot of him and he had given himself up for lost again, he was overjoyed and astonished to see two mounted Indians of the friendly Mandan tribe riding toward him. They seized him and carried him into the fort.

The same night he set out once more up the river. After traveling alone for 38 days he at length arrived at Henry's fort near the mouth of the Big Horn river, on the Yellowstone. The amazement that his appearance occasioned may be imagined, as it was thought he was dead and had been in his grave for weeks. He was bitterly disappointed to find that the two men who had deserted him had left for Fort Atkinson, on the Missouri river near the present site of Omaha. Still intent on revenge he accepted service as a messenger to carry a dispatch to Fort Atkinson, and with four men left Henry's fort on the Yellowstone Feb. 28, 1824.

Meets Death on Prairie

He reached Fort Atkinson in June. Here he found one of his faithless comrades, who had enlisted in the army. The other had gone and he never heard of him again.

Glass at first meditated killing the man, but after a talk with the commanding officer, he was persuaded that to do so meant immediate trial and death for himself. Martial law in the Indian country was swift and certain. The officer called in the man whom Glass sought and the latter nearly fainted when he saw in the flesh one whose bones he supposed were scattered over the prairie hundreds of miles away in the upper Missouri country. Glass expressed his feeling of contempt for the man who had left him to die, but on being given a complete new outfit of rifle, ammunition and other necessaries, he relinquished his plan of revenge.

Little is known of Glass' later life. The records of the American Fur Co. show that he was at Fort Union, at the mouth of the Yellowstone, in 1836, and was for a time employed as hunter for the fort. The bluffs across the river from the site of the post are known to this day as Glass' Bluffs. His death was described by Prince Maximilian of Wied, a visitor at Fort Union in the winter of 1832-33, as follows: "Old Glass with two companions had gone to Fort Cass to hunt bear on the Yellowstone, and as they were crossing the river on the ice all three were shot and scalped by a war party of 30 Aricaras."

[Copyright, 1922]

[↑]
〈밀워키 저널 (The Milwaukee Journal)〉에 소개된 휴 글래스의 실화 전문.

죽음 그리고 회색 곰

이 영화는 알려진 대로 19세기 초 휴 글래스(Hugh Glass)라는 인물의 실화를 바탕으로 이루어졌다. 사냥꾼이던 실존 인물을 용병들의 첨병 또는 안내자로 각색한 이 영화에서, 글래스는 홀로 수색 나갔다가 회색 곰을 만난다. 온몸이 걸레가 되도록 찢기는 사투 끝에 곰을 죽이고 겨우 목숨만 건진다.

미국의 한 아마추어 평론가가 이 곰에게 글래스가 강간당하는 장면이 나온다고 루머를 퍼뜨리는 바람에 시끄러웠던 적이 있는데, 그것은 곰이 죽은 척하는 글래스를 쳐다보는 정지 장면에 대한 오해일 것이다. 글래스를 죽이다 말고 새끼 곰들을 살피고 돌아오는 그 곰은 암컷이다. 이 곰을 유의하여 볼 것은, 앞서 등장한 큰 사슴과 다음에 나올 '말'과 더불어 긴밀한 상징 관계를 이루기 때문이다.

곰 가죽을 뒤집어 쓴 사람 그리고 말 탄 자

죽어 가는 글래스를 더 이상 데리고 갈 수 없게 되자, 인솔 장교는 마치 누가복음의 '선한 사마리아인'과도 같이, 죽어 가는 글래스를 (자연사할 때까지) 돌봐 주고 돌아오는 자에게 부비(浮費)를 더 지불하겠다고 제안한다. 그 제안에 용병 피츠제럴드가 소년 브리저와 함께 자원해 남았다. 그러나 글래스가 자연사할 때까지 돌봐 주겠다던 피츠제럴드는 글래스의 아들 호크를 살해하고 글래스를 생매장한 채 브리저를 데리고 부대로 내뺀다. 그러고는 돈도 다 받아 챙겼다.

사지를 움직일 수없는 상태에서 아들이 살해당하는 장면을 목격한 글래스는 생매장당한 땅 속에서 상상을 초월하는 정신력으로 기사회생하여, 자신이 죽인 회색 곰 가죽을 뒤집어쓴 채 그 발톱은 목걸이로 걸고서 추위와 굶주림을 버텨 낸다. 마치 야생 곰이 된 듯 굽지도 않은 생선으로 허기를 채우던 그는 어느 날 포니(Pawnee)족의 한 인디언과 마주친다.

점박이 무늬가 있는 흰색 말을 타는 그 인디언은, 피가 뚝뚝 떨어지는 들소 고기를 날것으로 먹다가 글래스에게 한 덩어리 던진다. 옆에 활활 타오르는 불이 있는데도, 글래스는 그 사람이 하는 대로 구토가 나는 그 날고기를 씹어 먹으며 유대감을 느낀다. 생식(生食)을 가르친 이 인디언은 부상이 깊은 글래스를 말에 태우고 가다 큰 눈보라가 닥치자, 천막을 세우고 그 안에 뜨거운 돌을 집어넣고는 마치 사우나처럼 만들어 밤새 글래스의 생명을 지킨다. 이러한 생존 방법을 가르친 그 인디언은 글래스와의 대화 중 이 영화에서 핵심이 되는

한 마디를 불쑥 던진다.

“Vengeance is God's Hands.”

(복수는 신의 것이야)

자신의 가족도 수(Sioux)족 인디언에게 학살당했다는 그의 입에서 나온 이 한 마디는, 복수의 칼을 가는 글래스에 비하면 나약한 패배자의 말이지 용자(勇者)의 말이 아니었다. 그러더니 그 인디언은 정말로 맥없이 얼마 안 지나 목이 매달린 채 발견된다. 프랑스인 백인들이 죽여 나무에 달아 놓고 간 것이다. 그의 목에 걸린 팻말에는 프랑스어로 이렇게 쓰여 있었다.

“On est tous des sauvages.”

(우리는 모두 야만인이다)

다람쥐 신, 그리고 그 신을 먹는 자

인디언의 목을 나무에 매달아 걸고 “우리는 모두 야만인이다”라고 모욕한 것도 백인이고, 곰을 만나 거반 죽게 된 사람을 거두고 부비를 들여 돌보게 한 장교도 백인이지만, 이 영화에서 주목해야 할 백인은 바로 피츠제럴드(톰 하디)다.

그는 마치 사이코패스와도 같다. 돈을 사랑해서인 것 같지만, 위험하기 짝이 없는 용병 부대만을 골라 즐겨 찾아다니는 것으로 보면, 살인을 즐기는 것도 같다. 그가 글래스를 지키기 위해 함께 남았던

[→]
피츠제럴드가
모닥불 앞에서
자기 아버지
이야기를
하고 있다.

어린 브리저(윌 폴터)와 모닥불 앞에서 나누던 대화를 상기할 필요가 있다. 그것은 피츠제럴드의 아버지 이야기였다.

그의 아버지는 사냥 중 조난당해 굶어 죽게 되자 신을 찾았다. 그러다가 죽기 일보 직전, 통통하게 살이 붙은 작은 다람쥐 한 마리를 발견했다. 그는 그 다람쥐를 마침내 '자신을 찾아오신 신'이라고 불렀다 한다. 그러고는 그 신을 잡아먹어 버렸다고 피츠제럴드는 말했다. 그런 아버지를 보면서 그것이 피츠제럴드 자신의 신관(神觀)이 되었다는 것이다.

피츠제럴드는 특정된 악인이라기보다, 서구 문명을 접하는 우리 모든 현대인의 표상이다.

나는 과거 그 강의에서 '아바타'를 분석해 보이며, 백인은 인디언에게 무조건 사죄해야 한다고 몰아붙인 면이 없지 않다. 그러나 모닥불에서 자신의 신관을 진솔하게 펼치는 피츠제럴드를 보면서, 나름대로 치열했던 아메리카 대륙 '개척자'들의 권리를 재고하게 되었

다. 문득 벤저민 프랭클린[1]의 회고가 떠올랐기 때문이다. '문집'으로
도 잘 알려진 자전적 회고록에서 미국의 건국이념뿐 아니라 개인 윤
리의 모범을 제시하기도 한 그가 어느 날 인디언과 교전에서 동료를
잃고 돌아온 사건을 회고하는 대목에서, 나는 어느새 벤저민 프랭클
린 편이 되어 있었던 것이다.

사실 '영토'는 국가가 정립되었을 때의 개념인데, 인디언에게 무
슨 나라 개념이 있었겠는가? 사람 머리도 짐승 가죽처럼 벗기는 미개
한 땅은 개척의 대상임이 마땅하지 않은가…. 게다가 퓨리턴들도 그
정도 고생했으면 자격이 있는 것이고… 하는 생각이 들었던 것이다.

그렇지만 이 영화가 지닌 기호는 그렇게 단순한 정당화에 머무
는 게 아니었다. 그것은 인디언의 미개한 토템(사슴, 곰)과 백인 퓨리턴
의 명철한 이신론(다람쥐)의 혼재 속에서 인디언을 점령했음직한 퓨리
턴의 진리가 도리어 어떻게 거꾸로 역류하는지 그 궤적을 담아내기
에 충분했다.

말의 배에서 나온 자

피츠제럴드는 자신의 머리 가죽도 인디언에 의해 반쯤 벗겨졌지만, 그 역시 사람 머리 가죽을 짐승처럼 벗겨내는 야만인이요 모두의 원수다. 이 악한 원수와 죽음에서 살아 돌아온 자 글래스가 다시 만났다. 피츠제럴드는 선한 사마리아인 같았던 용병 장교까지 살해하고 그의 머리 가죽을 벗기고 난 터다. 도끼를 든 글래스와 칼을 든 피츠제럴드의 선혈 낭자한 혈투가 흰 눈밭에서 벌어졌다. 손가락이 잘려 나가고 칼끝이 다리 근육을 뚫고 들어오는 혈투 끝에, 결국 글래스는 피츠제럴드의 생살여탈권을 거머쥔다. 마지막 한 획이면 혼혈아들 호크의 복수, 선한 사마리아인 같았던 용병 장교에 대한 복수, 생매장당했던 자신의 복수까지 다 할 수 있는 순간이다. 그런데 어인 일인지, 글래스는 나직이 한 마디 내뱉으며 피츠제럴드를 시냇물에 떠내려 보낸다. 그 한 마디는 바로 이것이다.

"Vengeance is God's Hands."

(복수는 신의 것이야)

시냇물 저 아래쪽에서는 백인들을 추격하던 인디언족이 글래스와 피츠제럴드를 지켜보고 있었던 것이다. 글래스가 무언의 교감 속에서 피츠제럴드를 죽이지 않고 시냇물로 흘려보내자 피츠제럴드를 인계받은 인디언은, 그 자리에서 피츠제럴드의 머리 가죽을 벗겨낸다.

앞서 언급한 대로 이 영화에 등장하는 동물들, 곧 '큰 사슴', '회색 곰', '흰 점박이 말' 그리고 '다람쥐'는 중요한 관계를 잇는 기호로 작용하는데, 그 긴밀한 관계는 마치 피츠제럴드를 흘러내려 보낸 시냇물처럼 중요한 의제 하나를 운반하는 역할을 한다.

① 인디언의 토템(이것은 그들의 신이다) 가운데 하나인 큰 사슴을 사냥한 글래스 ② 그 보복이라도 당하듯 회색 곰의 습격을 받은 글래스 ③ 회색 곰 껍질을 입고서 복수의 칼을 가는 글래스 ④ 죽은 인디언의 흰 말 배 속에 들어갔다 나온 글래스.

이 기호의 이행을 따라 변화해 가는 글래스와 더불어 운반되어 온 의제란 바로 이 텍스트이다.

"원수 갚는 것이 내게 있으니 내가 갚으리라"(롬 12:19)

로마서 외에도 히브리서, 특히 마태복음에서 폭넓은 의제로 작용한 이 말씀은 본래 신명기 법전에 본위를 둔(신 32:35) 신명기 코드이다. 아메리카 대륙을 밟은 퓨리턴들이 쥐고 있었을 성경의 텍스트라는 점에서, 그것은 정경 이상의 정경 코드인 셈이다. 그런데 흥미로운 것은 이 텍스트가 인디언의 흰 말 배 속에 들어갔다가 나온 휴 글래스의 변화 상태 속에서—그것은 세례에 상응하는 것이다—본질에 더 잘 부응한다는 사실이다.

"Vengeance is God's."

다시 말해 우리는 이 본문을 두 갈래에서 비롯한 본문으로 마주하는 것이다. 한 갈래의 텍스트는 정경 코드이기 전에(정경 외적으

[→]
동사(凍死)를
면하기 위해
타던 말의
내장을 끄집어내고
그 속에 들어가
하룻밤을 넘기는
휴 글래스.

로), 복수할 힘이 없는 이방의 모든 종족에게 분여(分與)된 텍스트로서 임한다. 왜? 인디언의 입에서도 이 말이 튀어나왔으니까. 그리고 다른 한 갈래로는 지금 정복자(혹은 개척자)의 정경이 된 텍스트로 우리가 맞닥뜨린, 바로 그것이다.

궁극적으로 정경으로서의 텍스트는 도리어 죽은 인디언의 흰 점박이 무늬 말의 배 속에 들어갔다가 나옴으로써(그것은 일종의 born again 또는 baptism), 더 온전케 되었다. 이것이 이 이야기가 지닌 최종적 기호이기도 하다.('퓨리턴'이 순혈純血의 기호를 띤다면 상대적으로 점박이 무늬 말은 혼혈混血을 기호로 받는다.)

퓨리턴의 후예들 대부분은 이와 같이 자신들의 진리가 인디언의 말 배에 들어갔다가 나오는 동안 상대적으로 피츠제럴드의 '다람쥐신'으로 대변되는 이신론으로 점점 흐른다는 점에서, 이 해석학적 역류(reversing the hermeneutical flow[2])가 주는 교훈은 의미심장한 것이다. 왜냐하면 이신론에 경도된 대부분의 현대 기독교인이 샤머니즘

과 토테미즘을 미개하다고 경멸하면서도, 주의 살과 피를 먹고 마시는 동시에 그 누구보다 자신을 숭배함으로써 어린양을 한낱 다람쥐로 전락시키기 때문이다. 참고로 피츠제럴드는 오직 한 사람만을 위해 모든 것을 바친 남자의 허망한 몰락을 다룬 소설 〈위대한 개츠비〉의 저자 이름이다. 미국은 이 문학을 자존심으로 여기는 경향이 있다.

기호와 해석

'기호와 해석'에 대한 첫 예시로 〈레버넌트〉에 나타난 핵심적인 기호들을 찾아내고 그 해석을 마쳤다. 그러나 이 영화가 '자연보호'를 주제로 이해하고 만들어진 듯한 아쉬운 완성도를 감안할 때, 여기 열거한 모든 기호가 감독에 의해 설정된 것이라고 보기는 어려울 것이다.

그렇지만 앞서 상술한 바와 같이 원저자가 부여했던 일차적 의미를 이탈한 그 자체로서 그것은 이미 일단의 기호로서 임한다. 기호라는 것은 원저자들이 꾀하는 숨은 의도로 작품에 나타나기도 하지만, 진정한 기호는 이와 같이 원저자의 의도된 손에서 완전히 벗어나 있을 때 발생하기 때문이다.

원저자인 감독 스스로 자신이 만드는 작품의 기호가 무엇인지 실체에 좀 더 근접했더라면, 아마도 '레버넌트'(망령)라는 복수활극 제목보다는 '렘넌트'(살아남은 자)와 같은 기품 있는 제목을 달아 놨을 것 같다.

§

이 영화로 2016년 2월 제88회 아카데미 남우주연상을 받은 레오나르도 디카프리오는 이런 수상소감을 남겼다.

> 〈레버넌트〉의 제작은 자연과 호흡하는 과정이었다. 지난해는 세계 역사상 가장 더운 해로, 북극에서 얼음이 녹고 있는 해였다. 인류 모두가 직면한 위협이기에 인류가 함께 행동에 나서야 한다.

평소 환경운동에 대한 관심을 엿볼 수 있었던 이 발언에서 저 멀리 북극(곰) 환경에 대한 경외감을 살피기에는 충분했지만, 과연 이 영화가 인디언이 아닌 회색 곰 또는 북극곰에 더 관심하는 영화였다는 사실은 넌센스가 아닐 수 없었다. 그래서일까?

이 글을 쓰면서 이 영화의 중요한 배역이 아닐 수 없는 엘크 독(Elk Dog)이 등장하는 이미지를 찾으려 했으나 도무지 찾을 수가 없었다. 다 죽어 가는 글래스의 상처를 치료한 생명의 은인 역이라면 다

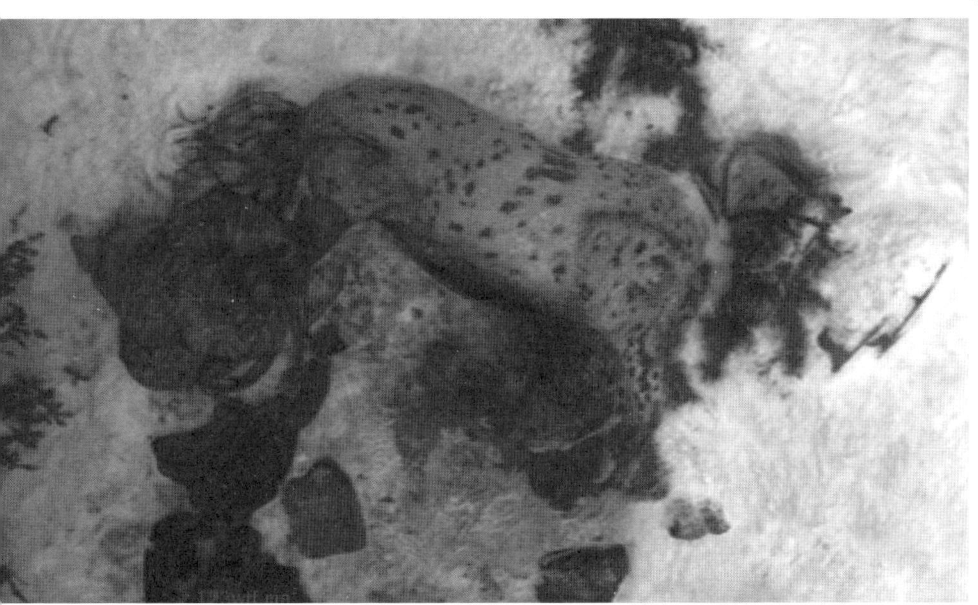

른 단역 배우보다 중요할 텐데 아무리 검색해도 찾기가 어려웠던 것이다. 그래서 이상한 생각이 들어 이 영화를 요약한 사이트들을 들어가서 엘크 독 역을 한 인디언 배우를 찾아보았다. 역시 찾을 수 없었다. 캐스팅 배우 전체 목록이 소개된 페이지에 들어가서야 그의 얼굴을 발견할 수 있었고, 그 배우 이름이 듀안 하워드(Duane Howard)임을 알 수 있었다.

영화사 정보란에서는 그렇다 치더라도, 일반 검색기에서 그 인디언 스틸을 찾기가 어려웠는데, 앞서 언급한 순혈적(퓨리턴) 가치의 역류가 이 시대에까지도 현재형이라는 사실에 적지 않은 충격이 아닐 수 없었다.

제2장_ 검은 사제들
거라사 광인과 돼지

+ **감독**   장재현

+ **주연**   김윤석, 강동원

+ **개봉일**   2015. 11. 05. 한국

+ **상영시간**   108분

+ **등장인물**   김 신부(김윤석),

　　　　　　　　최 부제(강동원),

　　　　　　　　영신(박소담).

+ **줄거리**   서울의 한 가톨릭 교구의 사제 회의에 김 신부가 불려 나왔다. 평소 교회 조직과는 별개의 단독 행동으로 물의를 빚던 김 신부(김윤석)는 구마의식에 관한 한 권위자다. 그 자리에서 그는 교통 사고 이후 알 수 없는 증상에 시달리는 소녀 영신(박소담)에게 행할 악마 퇴치 의식의 허가를 받아내고 준비를 서두른다. 먼저 구마 의식을 도와 함께해 줄 부제를 수소문한 끝에 최 부제(강동원)를 차출하고, 의식에 필요한 일련의 준비를 갖추어 간다.

마침내 결전의 날, 악마에게 짓눌려 있는 소녀 영신이 있는 곳에 당도한 김 신부와 최 부제는 자칫 목숨을 잃을 수도 있는 구마 의식을 시작한다. 악마의 힘은 예상했던 것보다 훨씬 세다.

청년 시절 다니던 교회에서 학생들에게 성경을 가르칠 때의 일이다. 어느 날 성경공부를 인도하며, 한 학생에게 성경 한 구절을 읽으라고 했다. 그런데 어찌된 일인지 그 학생은 주저하며 읽지를 못했다. 그래서 좀 센 어조로 다시 말했다. "○○야~ 뭐하고 있어? 어서 읽지 못하고?" 이번엔 몸까지 부들부들 떨면서 읽지 못했다.

그때였다. 바로 그 옆에 있던 한 학생이 느닷없이 소리쳤다. "○○야! 읽지 마! 에잇… 읽지 마!" 그러고는 둘이서 함께 부들부들 떨고 있는 것이 아닌가. 이 느닷없는 사태에 깜짝 놀란 나는 '아, 이것이 정녕 성경에서 글로만 접하던 악령이란 말인가?' 하고 생각했다.

이 영화 〈검은 사제들〉에서도 그와 비슷한 섬뜩한 장면이 나온다. 악령 들린 소녀 영신이 갑자기 정색하며 쏘아붙이는 것이다.

"하지 말랬지!"

이 영화에서 악령을 내어 쫓는 장면은 다소 비약적인 면이 없

[←]
〈바다로 내리 달리는
거라사 돼지〉
(The Gadarene
swine rushing
down into
the sea)

지 않지만 실제 나의 경우처럼 딱히 의도치 않은 교회 현장에서도 일어날 수 있는 상황이며, 무엇보다 기독교 성서 여러 곳에서도 나오는 장면이다. 이 악령의 정체는 무엇일까? 정말 악마인가? 아니면 자기 내면의 자아 중 일부인가? 심리학의 발달은 공교롭게도 교회 현장에서 저 영화와 같은 원색적인 구마의식(가톨릭 용어)이 점차 사라지는 결과를 불러왔다. 성도들을 대할 때 심리학을 적용한 방법들이 널리 수용되었기 때문이다. 그렇다면 성서에 기록된 구마의 현장은 무엇이란 말인가?

따라서 이 장에서는 성서에서 악령이 등장하는 여러 장면 가운데 '거라사 광인'[1] 대목을 택하여 영화 〈검은 사제들〉과 호환이 일어나는 기호 속에서 이 문제를 심층적으로 다루려 한다. '거라사 광인' 본문을 택한 것은, 성서에 등장하는 수많은 악령 가운데 가장 또렷하게 자의식을 드러내는 본문이기 때문이다.

12형상인가, 12간지인가?

이 영화는 그 악령의 정체가 '12형상' 중 하나라는 암시로 시작한다. 마치 모든 고통과 질병, 기근과 전쟁, 심지어 평화의 진원지인 듯 소개되는 '12형상'이란, 황도대(黃道帶, Zodiac)로 불리는 태양계의 여러 천체(별자리)가 지나는 길의 12분할에 매겨진 이미지들을 말하는 것이다. 서구에서 이 주기를 12별자리라 부른다면, 동양권에서는 12간지라 한다.

우리나라에서 이들 12동물상을 태어난 시(時)의 상징으로 보고 운세를 가늠하듯, 서양에서는 이 황도 12궁을 각기 타고난 운수라고 믿는다. 세상의 모든 일, 곧 운명은 시간의 지배를 받기 마련이고 그 시간은 이 천체에서 비롯되었다는 원리가 우상숭배로 작용하기 때문이다.

이 영화에서는 범띠 구마사(퇴마사)를 선호한다. 그 호랑이 상징이 서구의 조디악 형상들과 우리나라의 조디악(12간지) 형상들 가운데 공통된 유일한 형상이기 때문이라는데, 서구의 사자자리를 호랑이로 호환시켜 놓은 것은 이 황도대의 인도 버전에서 비롯된 것이다.

사제인가, 퇴마사인가?

사람에게 들어간 악령을 쫓는다며 물의를 일으키는 뉴스 대부분이 개신교에서 발생하지만, '구마(驅魔) 의식'을 제도로 명시한 곳은 개신교가 아닌 가톨릭이다. 가톨릭의 교회법 제1172조는 교구의 허가를 받은 신부만이 구마 의식을 행하도록 명시하고 있는데, 이 영화의 주인공 김범신 베드로 신부(김윤석)가 바로 허가받은 '구마 사제'다. 그렇다면 구마 의식이란 무엇일까? 〈검은 사제들〉에 소개된 구마 의식을 살펴보면, 이런 장르의 고전과도 같은 영화 〈엑소시스트〉(1978)[2]보다도 한층 고증에 신경을 쓴 듯하다. 바퀴벌레와 쥐 떼가 환영처럼 등장하긴 하지만, 적어도 악령 들린 사람이 천장에 달라붙어 뱅글뱅글 도는 공중곡예 따위는 일체 절제되어 있기 때문이다.

그러나 이미 고증된 그 의식 자체가 미신에 상당하는 요소로 채워져 있다. 레오 13세의 구마 기도문으로 알려진 '성 미카엘 대천사께 바치는 기도문'(라틴어)은 그나마 예문(禮文)이라 치더라도, 강력한 힘을 동반한다는 일련의 소도구들—곧 십자가, 성경, 스톨(사제 목

[↓]
영신에게
구마 의식을
하는 장면.

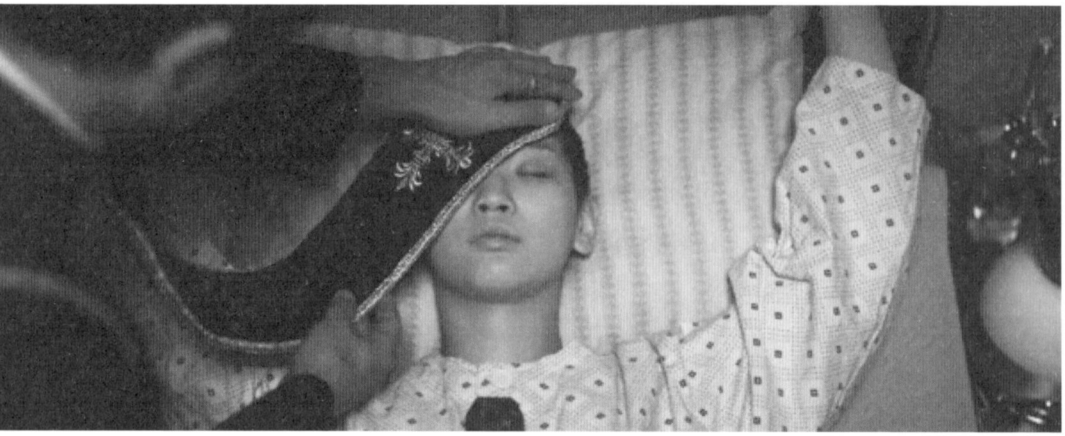

에 걸치는 천), 성수(유), 심지어 소금까지—에 이르면, 가톨릭을 '이성의 종교'라 하는 데 고개를 갸우뚱하게 된다.

영화에 등장하는 신학교 학장이 "가톨릭은 이성적이고 대중적인 종교로, 미신과 불합리에 맞서 싸워 오며 어렵사리 지금의 현대적인 이미지를 만들어 냈다"고 하기에 하는 얘기다.

게다가 이 '이성 종교'의 구마 의식은 영화에서 무속인 제천법사(祭天法師)의 퇴마 의식과 별반 다를 게 없다. 무속인은 빌며 달래는 반면 검은 사제는 엄히 꾸짖었다는 차이는 있겠으나, 그 외적 주술 요소는 양자가 무리 없이 잘 융합되고 만다.

이런 미신과 버무려지는 영화 촬영에 협조한 가톨릭 자체가 놀랍지만, 앞서 대중을 위한 종교라 했던 그 학장의 말을 떠올리면 크게 이상한 것도 아니다. 비록 이와 같이 미신적 구마 행위를 주된 소재로 삼은 영화이긴 하지만, 의외로 중대한 텍스트들이 쏟아져 나오기도 한다.

김범신 신부: "주님의 이름으로 말하라. 기혼. 아락세스. 이락투. 유카!" "거짓말의 아버지이자 태초의 살인자여. 성부와 성자와 성령의 이름으로 묻는다. 어디서 온 것이냐?"

악령: "우리는 여기에도 있었고 저기에도 있었다. 여기저기 두루 돌아다녔다." "우리는 2,430명에게 옮겨 다녔다."

김범신 신부: "언제부터 이곳에 온 것이냐?"

악령: "여기 너희 원숭이들이 3,254,640마리가 되었을 때 왔다." "지혜
있는 자여. 들으라. 그냥 밖에 있는 사람처럼 못 본 척하고 살란 말이다!"

이와 같이 악령이 쏟아낸 말들은 이제 우리가 하려는, '거라사
광인 이야기'에 담긴 기호를 규정하고 해석하는 일의 긴요한 단서인
동시에 이 글의 중심이기도 하다. 그러나 우선 악령에 관해 좀더 고찰
한 뒤 그것에 대해 본격적으로 다루기로 한다.

악령인가, 정신병인가?

저렇게 '대화'하는 존재로서 인격은 실제로 악령인가 정신병 증상인
가? 정신병은 정말 악령에 사로잡혀서인가? 왜냐하면 그 거라사인이
등장하는 이들 공관복음은 영락없는 광인(狂人)의 행동으로 표현하
기 때문이다. 그런 이상 행동을 집중적으로 다루는 분야를 잠시 짚
고 넘어갈 필요가 있다. 이상심리학(異常心理學)이라는 분야다. 이 분
야는 '정신과'와도 차이가 있고 '심리과'와도 약간 차이가 있다. 정신

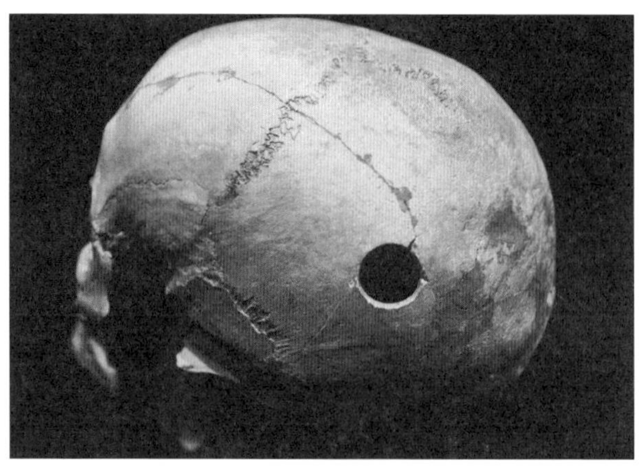

과적 접근이 뇌 관련 약물에 해당한다면, 상담심리는 약물이 아닌 심리적 접근이다. 그 중간 정도가 이 분야일 텐데, 그 역사를 보면 원시 고대에는 악령론(트레핀)으로 접근하던 것이 그리스 시대에는 신체적 원인론(체액이론)으로, 그러다 중세 들어 다시 악령론(마녀사냥)으로 변천해 온 것이 여간 흥미롭지 않다. 이 변천사에 미신으로서의 이해와 이성/합리주의적인 이해의 차이가 고스란히 반영되어 나타나기 때문이다.

고대 사회에서는 이상행동을 전적으로 악령의 짓에서 비롯한 것으로 보았다. 세상을 지배하는 어떤 마술적 힘에 의해 이상행동이 나타나는 것이라고 본 그들은, 신체와 정신을 선과 악의 전쟁터로 보았기에 그 치유 역시 악령을 몸에서 몰아내는 것으로 해석했다. 문제는 트레핀(trephine)이라는 도구로 두개골에 구멍을 내어(trephination) 악령을 몰아내려 했다는 데 있다.

그리스에서는 좀 다르게 이해되었다. 히포크라테스는 일찍부터 이 이상행동을 일종의 뇌질환으로 파악하여, 네 가지 체액(황색담즙, 흑색담즙, 혈액, 점액)의 불균형에서 비롯된다고 보았다. 예를 들면 황색담즙 과다는 분노의 원인으로, 흑색담즙 과다는 슬픔의 근원으로 보는 식이다. 그리하여 평화로운 요양과 금욕으로써 슬픔의 근원이 되는 담즙을 줄일 수 있다고 믿었다.

로마 시대 역시 이 문명의 의술을 이어받았지만, 로마의 멸망은 잠재해 있던 악마론을 다시 일깨운다. 중세로 접어들면서 성직자 세력이 증대됨에 따라, 이상행동을 모든 선과 악(또는 신과 악마)의 대결로 해석하는 시대로 회귀했다. 지동설이 그러하듯 과학과 의술은 큰 영향력을 행사하지 못했다. 중세가 끝날 무렵이 되어서야 악마론 내지 그런 미개한 방법들은 힘을 잃어 갔다.

르네상스에 접어들면서 악마론은 자취를 감추었지만, 수용소의 시대가 되었다. 시설이 늘면서 사람을 쇠사슬로 묶거나 구타하는 등의 문제가 벌어지다가, 일종의 도덕적 치료나 더욱 체계적인 정신분석에 입각해 다루어진 것은 19세기 들어서였다. 특히 프로이트(Sigmund Freud) 시대로 접어들면서 '내 정신' 속에 존재하는 또 다른 '나'의 실체를 더 선명하게 들여다 볼 수 있는 다양한 방법이 열리게 되었다.

이상행동은 악령에 의한 것인가 정신이상에서 비롯한 것인가? 이 이견들은 역사적 발달 단계로 자리한 것 같지만, 실상 모든 세대에 공존했던 '영'을 대하는 일종의 도식적 패턴으로 이해될 수 있다. 왜냐하면 현대인도 두개골 속에서 뭔가를 뽑아내야만 한다는 식의 강박을 떨치지 못하는 듯 보이기 때문이다.[3]

[←]
귀신 들리기 전
영신이의 신실한
모습.

돼지인가, 베헤못(하마)인가?

마태복음 외에 다른 두 복음서에도 이 이야기가 있음에도 영화 제작진이 굳이 마태복음 8장을 참고했다고[4] 강조한 이유는, 마태복음이 신약성서 가운데 제일 처음 나오기 때문일 것이다. 실제로 이 영화에서는 귀여운 꼬마 돼지 한 마리가 등장하는 것을 제외하면 이 거라사 광인의 본문과 연관되어 보일 만한 별다른 상징 요소가 나타나지 않는다. 그러나 한 가지, 이 악령의 언설 하나가 이 영화의 부정확한 상징성을 상쇄하고도 남을 만하다.

> 우리는 여기에도 있었고 저기에도 있었다. 여기저기 두루 돌아다녔다.

마태복음(8:28-34)과 누가복음(8:26-39)에 나오는 거라사 광인 이야기의 처음 판본은 마가복음(5:1-20)일 것이다. 악령과 맞닥뜨리는 다른 유사한 본문이 꽤 있는 편이지만 가장 짧은 복음서인 마가복음에서 유독 가장 길게, 그리고 세 복음서가 공히 비중 있게 다루고 있는데, 이는 악령 축출 이야기가 나오는 여느 본문보다도 이 본문이 중요하기 때문이다.

마가복음·마태복음·누가복음의 구성을 살필 때, 마가복음의 짤막한 기사들을 으레 더 길게 진술하는 편이던 마태가 이 기사만큼은 짧게 줄여 놓았다. 그러고는 마가복음에서 악령의 정체를 '군대'라고 기록한 것을 귀신 들린 '두 사람'으로 바꾸어 놓았다. 그러니까 마가복음과 누가복음에서는 '군대' 악령이 들린 것이지만 마태복음에서는 악령 들린 '사람이 두 명'(복수)인 셈이다. 군대 즉 레기온이 사람

몸속에 들어가 있다고 하면 약 4000~6000 정도의 개체가 한 사람에게 들어가 있다는 상상을 일으키지만, 아예 악령 들린 사람이 두 사람이라고 한 마태의 관찰은 상대적으로 합리적이다.

또 "군대가 들렸다"는 식으로 직설적으로 기록한 마가보다 "많은 악령이 들렸으니 군대"라는 식으로 풀어 쓴 누가의 진술도 세련되지만, 아예 "두 사람"이라고 설명해 준 마태는 탁월한 요약을 한 것이다.

그렇지만 마태는 합리적인 탓에 예수님과 악령의 대화를 모두 약(略)하고 말았다. 그런 점에서 끊임없이 악령과의 대화를 시도하는 〈검은 사제들〉이 마태복음 8장을 주제로 삼은 작품이라고 인터뷰한 제작진은 다소 문외한인 것이다. 차라리 마가복음을 참조했다고 했어야 했다.

공관복음에 공히 기록된 이 거라사 광인 이야기의 핵심 주제는 '악령(혹은 마귀)이 예수께 먼저 나아왔다'는 사실에 있다. 게다가 예수님과 대화를 시도했다는 점이다.

> 그가 멀리서 예수를 보고 달려와 절하며 큰 소리로 부르짖어 이르되 지극히 높으신 하나님의 아들 예수여 나와 당신이 무슨 상관이 있나이까 원하건대 하나님 앞에 맹세하고 나를 괴롭히지 마옵소서(막 5:6-7)

이 장면은 신약성서에서 중요한 두 가지 의미가 있다.

첫째는 구약성서에서 어떤 선지자도 이 같은 권위(authenticity)를 드러낸 전례가 없다는 사실이다. 그런 점에서 악의 실체를 여실히 드러낸 이 사건은, 그 악의 정체가 드러난 세계로의 이행이라는 의미가 있다.

이전까지 관념 속에만 머물러 있던 악의 정체가 실존적 존재로 드러나고 만 것이다(이는 프로이트가 '이드Id'의 폭로를 통해 도래시킨 세대교체와도 같은 것이다). 그리고 더 중요한 다른 한 가지는, 스스로 존재를 드러내고 만 이 자가 예수님을 어디서 만났던 것같이 행동한다는 사실에 있다.

그러니까 거라사 광인이 저 멀리서 예수님을 먼저 알아보고 달려 나와 인사하더라는 이 이상한 행동의 원인은 오로지 하나, 이 자가 '그분'을 마치 과거 어디선가 만나기라도 한 듯 추지(推知)되어 떠오르는 한 영상을 그 이상행동과 관련된 기호로 간주할 때만 이해될 수 있는 것이다. 어디서 만났던 것일까? 너는 어디서 온 것이냐….

그곳은 오래전, 아주 오래전…, 아마 가장 오래전이었을 것으로, '검은 사제들'이 "성부와 성자와 성령의 이름으로 묻는다. 너는 어디서 온 것이냐? 어디서 온 것이냐?"라고 자기가 맡은 악령에게 반복해 다그쳤을 때 그 악령이 했던 말, 즉 "여기에도 있었고 저기에도 있었다. 여기저기 두루 돌아다녔다"고 하는 그 낯익은 소리에서, 우리는 태곳적 그들이 만났던 장소에 다다를 수 있다.

하루는 하나님의 아들들이 와서 여호와 앞에 섰고 사탄도 그들 가운데에 온지라 여호와께서 사탄에게 이르시되 네가 어디서 왔느냐 사탄이 여호와께 대답하여 이르되 땅을 두루 돌아 여기저기 다녀왔나이다(욥 1:6-8)

결국 이들이 만났던 자리는 태곳적 천상의 공중이었으며, 이에 따라 신약성서에 나오는 '예수님과 거라사 광인의 대화'는 다름 아닌 욥기 1장 '하나님과 사탄의 대화'의 속편에 해당한다는 해석학적 결론에 도달할 수 있는 것이다. 그게 아니라면 '하나님의 아들'을 단번에 알아보더라는 내용의 저 본문은 악마의 힘을 빌려 그분의 정체성을 드러내려는 저자의 시도로 전락하고 마는데, 자고로 신약성서 저자들은 광인이나 사탄의 신통력을 빌려 하나님의 아들을 존재로 규명하는 방식은 일체 고려하지 않았다는 사실을 주지해야 할 것이다.

따라서 이것은 분명한 이들 두 존재의 해후(邂逅)를 묘사하는 전(前)이해를 지닌 문맥에 다름 아니다. 욥기 천상회의의 속편인 셈이다. 이와 같이 신화적 담론에만 머물러 있던 모호한 악은 마침내 사람의 인격을 통해 명확히 드러났다. (옛) 뱀이라는 신화적 관념 속 악의 화신이자, 까닭 없이 욥을 괴롭히는 (막연한) 천상의 존재로 여겨지던 악의 정체가 인간 자신의 인격 형태로 그 실체를 드러내게 된 것이다.

> …큰 용이 내쫓기니 옛 뱀 곧 마귀라고도 하고 사탄이라고도 하며 온 천하를 꾀는 자라 그가 땅으로 내쫓기니…(계 12:9)

[←]
두 사제는
구마의식의 도구로
돼지를 데리고
다닌다.

[→]
윌리엄 블레이크
(William Blake)의
〈욥기를 위한 삽화〉
중 "베헤못".

또한 이와 같이 그 태곳적 천상의 존재가 "자기의 때가 얼마 남지 않은 줄을 알고 크게 분 내어 이 땅과 바다로 내려온"(계 12:12) 존재임을 직시했을 때, 비로소 우리 앞에는 저 거라사 광인 속 사탄이 옮겨가기를 청했던 '돼지'에 은폐된 기호의 정체까지 폭로할 수 있는 길이 열리는 것이다. 그는 대체 왜 간청했을까. 돼지의 몸을.

우리를 돼지에게로 보내어 들어가게 하소서(막 5:12)

욥기는 창세기의 프리퀄(prequel)이다. 동시대거나 더 앞선 책이다. 욥의 고난으로 대변되는 이스라엘의 고난이 새로운 창조를 통해

극복되는 과정이 담겼다. 다른 말로 하면 창세기와 창조는 포로기 이스라엘의 고단한 삶을 대변하는 욥의 고통이 잉태해 낳은 셈이다.

창조와 창조 이전의 기호들이 욥기 도처에 분여된 것은 그 때문인데, 특히 과다한 동물 목록이 그것이다. 여기에 신화적 동물 기호까지 포함한 것은 그것이 동물 이상의 어떤 형상을 표지하기 때문이다. 마치 황도대가 동물 이상의 동물 기호이듯, 이를테면 리워야단(욥 3:8; 41:1)과 베헤못(욥 40:15) 등으로, 이들은 어떤 인공적 생물로서 한 집단을 상징한다.

그러므로 거라사 광인이 욥기의 천상 회의와 긴밀한 기호 관계에 있다면 그가 지목한 '돼지'는 우연이 아니라 반드시 숙고된 선택의 결과다. 그 태곳적 사탄이 옮겨가기를 간청한 '돼지'라는 짐승은 바로, 때로는 리워야단(악어), 때로는 라합(용)과 연장선상에 있는 '베헤못'이라는 결론에 비로소 이르렀다. 더러 그것은 (돼지와 유사한) '하마'로 번역된다. 따라서 예수 그리스도께서 광인에게

더러운 귀신아 그 사람에게서 나오라.

네 이름이 무엇이냐(막 5:8, 9)

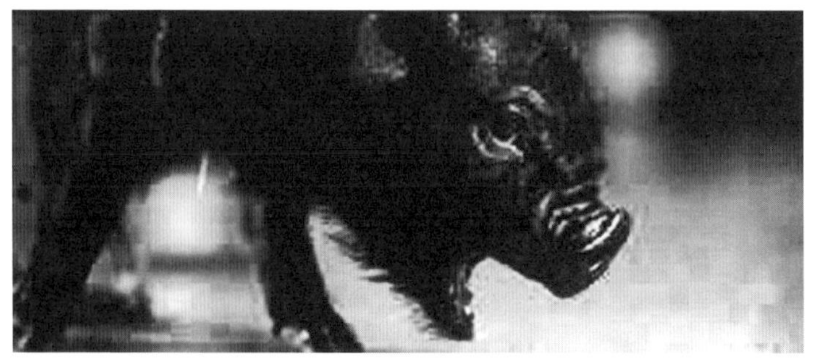

기호와 해석의 몽타주

라고 말한 것은 미신적 퇴마 행위도 아니요, 그렇다고 현대 심리학적 요법 행위도 아니며, 그것은 말 그대로 이 땅에 은폐되어 있던 모든 (열두) 형상의 총아인 (옛) 뱀을 향하여 그 실체를 드러내 명한 것이라 할 수 있다. 이 땅의 모든 형상이 집약된 황도대, 곧 그 운명적 시간의 퇴행(금을 만들려는 수고의 시간 속에서 얻은 것은 금을 빼앗는 데 쓰는 쇠다)은 뱀이 자기 꼬리를 물고 있는 듯한 형상과 기호를 띠기 때문이다. 리워야단, 라합, 베헤못…, 그것들은 태초의 강 '기혼'이 '아락세스', '이락투', '유카'로 변천해 온 것과 같이 옛 뱀으로 귀결된 것이다(창세기에 나오는 기혼 강은 아시리아 연구가들에 의해 아락세스 또는 아락투로, 톨린스에 의해서는 유카로 추정된다). 영화에서 김 신부가 악령을 향해 이렇게 외친다.

> 주님의 이름으로 말하라. 기혼. 아락세스. 이락투. 유카!
> 거짓말의 아버지이자 태초의 살인자여. 성부와 성자와 성령의 이름으로 묻는다. 어디서 온 것이냐!

군대와 리워야단

희랍어 '악령'($\delta\alpha\iota\mu\acute{o}\nu\iota o\nu$)이나 '더러운 영'($\pi\nu\epsilon\acute{u}\mu\alpha\tau\iota\ \acute{\alpha}\kappa\alpha\theta\acute{\alpha}\rho\tau\omega$)을 한글 성경이 일관되게 '귀신'으로 번역해 온 것은, 결과적으로 신약성서에 등장하는 악한 영적 존재의 본성을 파악하는 데 장애 요인이 되었다. 그 어휘는 사실상 '죽은 사람의 남은 넋(鬼神)'이라는 선입견을 넘어서지 못하게 했기 때문이다.

신약성서 저자가 투사했던 본래 이미지를 토속적인 것으로 한정시킨 결과가 초래한 것이다. 그것은 마치 사자를 호랑이로 대체시키는 것은 허용하면서, 베헤못을 돼지로 환유해 내는 데는 실패해 온 것과 같은 이치다.

민속의 악령을 아는 것도 중요하지만 신약성서 저자가 수록한 상징에 그려진 당초의 형상이 무엇이었는지를 파악하는 것은 더 중요하다. 과연 이 저자가 그렸던 '군대'라고 이름 붙여진 악령의 형상은 어떤 것이었을까? 구약성서에는 신기하게도 거라사 광인과 같은 귀신 들린 자가 단 한 번도 등장하지 않는다. 그런 본문이 없다.

그러나 그것(귀신 들림)을 대체할 만한 본문이 딱 한 곳 있다. 어떤 악한 영적 존재와 사람의 신체가 혼합되는 유일한 구약 본문이 존재하는 것이다. 그것은 바로 하나님의 아들들이 사람의 딸들에게로 들어와서 자식을 낳았다고 하는 네피림 본문이다(창 6:1-8). 현대인은 이것을 성적 결합으로 여기면서도 천사는 시집 장가를 가지 않는다는 전거에 따른 딜레마에 빠져 있으나(눅 20:34-36), 거라사 광인 이야기 본문의 편저자가 이를 '귀신 들림'이라는 개인의 억압된 실존적 상황으로 끌어오고 있다는 사실은 놀라운 일이 아닐 수 없다. 이것이 바로 '군대'의 정체다.

네피림이 히브리어에서는 단순히 '거인'이 아니라 '떨어졌다'는 뜻의 나팔(נפל)에서 온 명사임은 잘 알려진 사실이다. 그럼에도 왜 그 것이 '용사' 또는 '기간테스'(γίγαντες) 즉 '거인'으로 번역될 수밖에 없 었는지는 다음 본문을 보면 이해할 수 있다(이 네피림에 관한 정보는 창세 기 정경에 편입되고 남은 부분이다).

…몸과 살에서 품어진 바 된 거인들은 땅의 악한 영들이라 불리우며, 그들의 거처는 땅 위가 될 것이다.

악한 영들은 그들의 육체들로부터 역사하는데, 그들의 처음 시작이 거 룩한 감시자로서 기반을 둔 '저 위'에서 창조된 바 되었기 때문이다. 그 들은 땅위의 악한 영들이 될 것이며 (또한) 악한 영들이라 불릴 것이다.

그러나 그 하늘의 영들은 하늘 위에 거처를 두며, 땅에서 태어난 땅의 영들은 땅 위에 그들의 처소를 둔다.

그리고 구름 위로 스스로를 옮기는 거인들의 영들은 떨어지고 파괴되 며 전쟁하며, 땅 위에 있는 파괴와 악한 행실의 원인이 될 것이다. 그들 은 음식을 취하지도 않으며 목마르지도 않으며 눈에 보이지도 않는다.

그리고 이들 영들은 사람의 후손들과 대적하고 여인의 후손들과 대적 해 일어나지 않을 것이다(섞였다는 뜻?). 왜냐하면 그들은 살인과 파괴 의 날에 그들을 움직일(조정할) 것이기 때문에…(에녹 1서 15장 8-12절).

성서 저자들에게 결국 이 '떨어진 자'들이 이 땅에서 모든 악령 으로 활동하는 주체의 실제인 동시에, 특히 거라사 광인에게 뒤집어 씌웠던 '군대', 곧 레기온의 정체였던 셈이다.

따라서 돼지가 수몰되었다 함은, 창세기에서 '노아의 홍수에 수

몰당한 네피림의 종말'에 상응하는 것임을 알 수 있다. 이와 같이 창세기와 욥기에 출몰했던 태곳적 악령의 결박 이야기는, 공관복음서의 거라사 광인 이야기와 더불어 유다서, 베드로전·후서, 계시록 등에 동일 기호와 편린으로 박혀 있다(참고: 벧후 2:4, 5, 17, 22절). 아울러 이미 레기온은 당대의 압제자였던 로마의 실존적 '군대'를 상징했을 것이다. 왜냐하면 '복음'과 '하나님의 아들'이라는 칭호는 로마 황제 아우구스투스의 칭호이자 캐치프레이즈였던 까닭이다.

특히 마가복음은 이 황제의 복음에 대항하는 반(Anti) 복음 성격이 짙다. 그런 점에서 앞서 베헤못(돼지)으로 소개된 군대(레기온)는 리워야단의 성격이 짙은 셈이다. 저 신화적 괴물은 언제나 우리가 항거하기 불가능한 인공적 권세를 상징하기 때문이다. 군대 지핀 거라사 광인이 예수 그리스도를 보자마자 "하나님의 아들이여" 하고 달려 나온 것과 그것을 베헤못·리워야단에 옮기라 명하고 깊은 바다로 수몰시킨 사건이 담은 메시지는 매우 실존적이면서도 현실적인 것이라 할 수 있다.

이 영화에서 최 부제(강동원)가 구마의식에 필요한 도구들을 챙기러 학교로 갔을 때, 학교 대문은 전투경찰들이 지키고 서 있었고, 지하의 강의실들은 구호들이 적힌 현수막과 피켓들로 너절해 있었다.

§

청년 시절 두 아이에게서 악령을 쫓아내는 체험을 한 뒤로 나에게는 두 가지 변화가 찾아왔었다.

첫째, 영적 존재의 실체를 구체적으로 믿을 수 있게 되었다. 그것은 막연하기만 하던 관념으로서의 영적 세계와의 결별을 의미했다.

그렇다고 그것이 신비주의적인 의미에서의 영적 세계만을 의미하는 것은 아니었다. 그것은 앞서 언급한 기호와 해석 과정에서 드러낸 것과 같이, 어디까지나 성서 텍스트에 대한 실재와 실천에 관한 기호로 임하게 되었다.

둘째, 사람들은 개개인에게 지핀 악령에는 민감하지만 '군대'로서 악령에게는 별 관심이 없다는 사실을 발견한 것이다. 다시 말하면 우리가 속해 있는 세속 사회의 시스템, 곧 개인이 군집을 이루는 정치·사회·경제 시스템으로서의 전체는 이미 그 자체로서 베헤못이라는 사실이다. 왜냐하면 그 시스템의 성원인 개개인은 도무지 어찌할 수 없는, 마치 생물과도 같은 것이기 때문이다.

베헤못을 세속 사회에서는 리바이어던(Leviathan)[5]이나 '보이지 않는 손'(invisible hand)[6]이라 부르기도 한다.

이집트인 입장에서 본 사막의 신

+ **감독**   알렉스 프로야스

+ **주연**   제라드 버틀러, 니콜라이 코스터 왈도, 브렌튼 스웨이츠

+ **개봉일**   2016. 03. 03. 미국, 오스트레일리아

+ **상영시간**   127분

+ **등장인물**   세트(제라드 버틀러), 호루스(니콜라이 코스터-왈도),

벡(브렌튼 스웨이츠), 라(제프리 러쉬), 자야(코트니 이튼),

토트(채드윅 보스만), 아나트(애비 리), 하토르(에로디 영),

아누비스(골란 D. 크류트), 우르슈(루퍼스 스웰),

오시리스(브라이언 브라운), 네프티스(엠마 부스),

이시스(레이철 블레이크).

+ **줄거리**   오시리스의 지배 아래 평화로운 나날을 이어가던 이집트는 오시리스의 동생 세트의
반란으로 소요에 휩싸인다. 삼촌 세트의 반란으로 아버지 오시리스는 죽임 당하고, 권좌에서 축출당한 호루
스는 그 과정에서 세트에게 양쪽 눈마저 빼앗겨 사막의 한 신전에서 은둔 생활을 한다. 한편 도둑인 벡은 이
집트 전통 신들에 대한 여자 친구 자야의 신심에 이끌려 호루스의 눈을 찾아주고, 호루스로 하여금 세트에 대
항해 재기할 수 있도록 자극한다. 마침내 힘을 되찾은 호루스는 아버지를 죽이고 권좌를 찬탈한 삼촌 세트에
게 복수하기 위해 결전을 벌인다.

수년 전 한 교회에서 학생·청년부를 맡고 있을 당시, 설교 중에 영화 '해리 포터(죽음의 성물)'를 예화로 쓴 일이 있다. 죽음에 관한 주제를 다루면서 "천하의 해리 포터라도 죽음은 초월할 수 없다", "온갖 마법으로도 '죽음'은 어찌 못하지 않더냐"—대략 이런 의미의 메시지를 전했을 것이다. 그 주간에 한 학부모님이 이런 전화를 걸어 왔다. "어떻게 설교에 해리 포터를 예화로 쓸 수 있습니까?!"

§

'죽음과 부활'이라는 주제가 기독교에만 있는 줄 알고 자란 아이가 이집트 같은 고대 문명에도 강력한 부활 신앙이 있는 줄 알았을 때 성경을 의심하고 결국 세상으로 가버리는 대부분의 경우가, 바로 저런 문화적 외눈박이 토양에 기인한다. 〈갓 오브 이집트〉는 비록 '아이언맨' 같은 오락물로 옷 입었지만, '부활'이라는 내세관의 깊은 가치 문제를 주제로 읽을 수 있다.

'부활 신앙을 최고의 가치로 여기는 기독교인의 경전'이자 '유대교의 경전'이기도 한 구약성서에는 사실 우리에게 각인된 식의 부활

[←]
영화에 등장하는 주요 이집트 신. 왼쪽부터 인간 백, 사막의 신 세트, 달/지혜의 신 토트, 복수와 풍요의 여신 하토르, 태양 신 호루스.

인식이 극히 약한 편이다. 내세관 자체가 명확하게 드러나지 않기 때문이다. 오히려 구약과 동시대라 할 수 있는 과거 이집트의 문명에서 보다 선명한 부활 개념을 발견할 수 있는 실정이다.

이집트의 부활 사상

이집트 종교의 내세관은 일찍부터 정교했다. 그들에게 사람이란 육체와 카(Ka)·바(Ba)·아크(Akh)의 결합된 것이다. 카는 영혼이며, 바는 인격이고(타자와 구별되는), 아크는 가장 높은 정신성이다. 죽음이란 영혼 '카'가 육체를 떠나는 것이다. '바'는 죽은 뒤에도 육체에 남는다.

그러나 카는 육체에 있을 때 영양을 섭취하기 때문에 사후에도 제사 음식을 받아먹는 존재다. 그들에게 부활이란 '카'가 다시 '바'와 합칠 때 '아크'로 부활하는 것이다. 죽은 육체의 보존(미라)이 그들에게 중요했던 이유이기도 하다. 그렇다면 이러한 부활 사상이 이집트에 어떻게 생겨났을까?

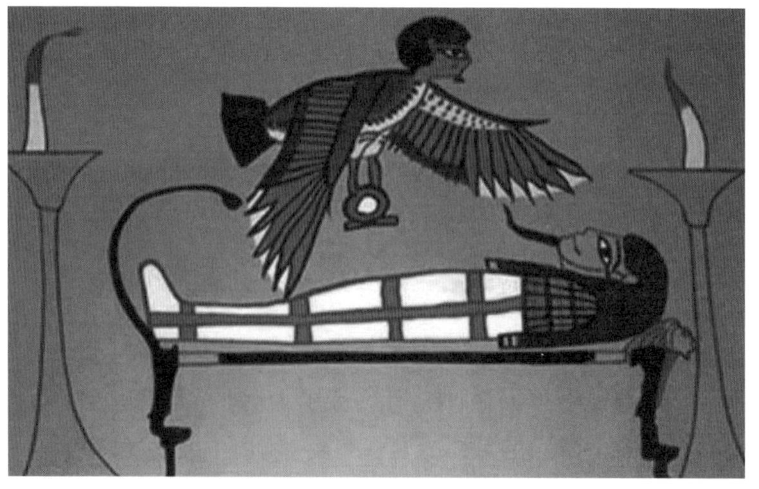

[←]
애니의 파피루스
(PAPYRUS OF ANI),
이집트 제18왕조,
영국 박물관.
인간의 영혼 중
하나인 바(Ba)를
인간의 머리를 한
새로 표현했다.

이 영화는 왕족들의 질펀한 일상 이야기로 시작한다. 그런데 알고 보니 그들이 신이라고 한다. 인간에서 신으로의 이 같은 자연스런 이입은 지당한 표현이다. 역사적인 것이다. 이집트 문명에서 최초로 왕조 형태를 띤 지배자는 메네스(Menes)로 알려졌으나, 자기들을 신으로 여기기 시작한 통치자는 조세르(Zoser)로 보고된다. 더 복잡한 형태의 국가를 이룬 이 3왕조 시대는 전보다 다변화된 정치 문제의 해결을 위해 귀족 계급이 필요했고, 왕 자신을 신으로 여기는 신정(神政) 체제를 가져왔다. B.C. 2700년경의 상황이다.

왕의 아들들은 보다 중요한 직책을 맡아 사제직과의 구별이 없었으며, 왕족이 아닌 일반인에게도 왕의 이름으로 활동할 수 있는 권위가 부여되었다. 이것이 당시의 귀족 제도이며, 이러한 조직력의 강화에서 비롯된 것이 바로 내세 사상이다.

왕자들과 귀족의 무덤은 왕의 피라미드 가까이 밀집해 있었는데, 왕은 여전히 신에 의해 영생이 보장된 유일한 자로 생각되었으며, 절대 군주인 파라오 시대에는 파라오에게만 '바'가 있기 때문에 부활도 파라오만 할 수 있는 것이라고 믿었다. 단, 특별한 귀족의 경우 파라오와 무덤을 공유할 때 거기서 파라오와 함께 부활할 수 있었다고 여겼다. 그러던 것이 일반인의 내세 사상으로 보편화된 것, 그것이 바로 이집트의 부활 사상이다.

과거에 왕의 특권이었던 장례 예식과 비석들이 이제는 모두의 권리가 된 것이다. 의로운 성품이라고 판단되기만 하면 누구나 죽을 때 오시리스 신에 의해 영원한 행복에 들 것이라는 내세관이 인기를 끌었다. 그것은 한마디로 물질과 정치적 혼돈에서 새로운 가치의 발견이었다. 이 영화에서 오시리스 왕이 덕의 화신인 듯 표현되는 근거는 바로 이 점이다.

세트

헬라 문명에서 하늘과 땅이 우라노스와 가이아였다면, 이집트 문명에서 하늘은 누트(Nut)고, 대지는 게브(Geb)다. 둘 사이에서 하루에 신이 하나씩 태어나는데, 오시리스(Osiris)가 첫째이고 그의 아내이자 누이동생인 이시스(Isis)가 둘째이며, 세트(Seth)는 셋째다. 천체를 숭배했던 고대 문명들의 형성 과정에서 나타나는 천체에 대한 의인화인 것이다.

오시리스와 세트 사이에 일어난 사건은 본래 이런 내용이다. 오시리스가 형이라는 이유로 이집트의 왕이 된 것이 못마땅했던 세트는, 어느 날 질 좋은 관을 짜 와서는 이렇게 제안한다.

이 관에 몸이 꼭 맞는 자에게 이 관을 선물로 주겠다.

모두가 그 관이 몸에 맞지 않았지만 오시리스에게는 꼭 맞았다. 세트는 오시리스가 관에 들어간 즉시 그 관을 나일강에 던져 버렸다. 이후 아내 이시스의 여정에 관한 이야기가 펼쳐진다(영화에서는 아들의 여정 이야기지만).

이시스는 관을 찾아내 한 궁전 기둥으로 만들어 숨기고 오시리스의 부활을 고대하지만 세트는 다시 그 관을 열고 오시리스의 몸을 열네 조각으로 나눠 버린다('해리 포터'에서 볼드모트의 조각난 몸이 여기서 모티프를 얻었다). 오시리스는 천신만고 끝에 자신의 모든 조각을 찾아

맞춘 이시스에 의해 부활하지만, 결국 명계(冥界)의 신이 된다.

〈갓 오브 이집트〉에서는 아들 호루스가 주인공으로 각색되어 오이디푸스처럼 눈을 잃기도 하고, 헤라클레스 또는 페르세우스처럼 시련과 연단을 통해 신의 권좌에 오른다. 이런 과정에서 결정적 역할을 하는 태양신 라(Ra)와의 관계는, 이집트를 포함한 당대 모든 고대인의 관념에 자리했던 태양이 갖는 가치와 기원을 인상적으로 잘 표현해 냈다.

그런데 흥미로운 것은 바로 세트(Seth)다. 부자와 가난한 자가 각각 바친 제물을 가리키며, 하나는 값지고 하나는 보잘것없음에도 이 둘의 가치는 동등한 것이라고 선포하는 오시리스에 비해, 무자비하고 잔혹하게 묘사된 '세트'.

그 이름을 역사 속에서 살피자면, 힉소스(Hyksos) 족과 관련 있는 것 같다. 힉소스 족이 B.C. 1720년쯤 고대 이집트 도시 타니스(Ta-

nis)에서 세력을 펼쳤다는 근거가 한 기념비에서 발견된 일이 있는데, '400주년 비석'으로 불리는 그 석비는 바로 '세트'가 400년 동안 통치한 것을 기념한다.

역사적으로 제19대 왕조 직전에 세운 것으로 파악되는 이 비석에 따르면, 아시아 복장을 입고 나타난 세트 신은 한마디로 이집트인 입장에서 외국의 신이었던 것이다(고대의 '아시아'는 오늘날의 동남아시아가 아니라 팔레스타인 부근이다).

서부의 셈족이었던 이 힉소스 족과 요셉 일가의 연관성을 고고학과 연관지어 언급할 때 이렇다 할 역사성이 있는 건 아니지만, 그렇다고 아예 연관이 없는 것도 아니다. 특히 이 영화에서 세트(Seth)가 처음 등장할 때 자신을 "사막에서 살아남은 존재"로 일컫고, 또 그가 태양신 '라'에게 도전하는 존재로 묘사된 사실을 유념해 둘 필요가 있다.

반(反)신화적(Anti-mythological) 이념

세트는 오시리스 신화에서 불모의 사막, 건조한 열기/불 따위가 의인화되어, 비옥한 토지, 관개수, 특히 (태양)빛과 대립하는 영원한 적수로 등장한다. 그런데 공교롭게도 성서에서 이스라엘의 하나님은 자신이 택한 백성을 사막에서 처음 대면하셨고, 또 그들을 사막으로 인도해 내셨다. 그 이야기가 구속사의 주된 전개를 이루는데다가 구속사 서문에 해당하는 이 천지창조 본문에는, 그 태양에 저항하는 이념이 고스란히 전제되어 있어 더욱 공교롭기만 하다.

하나님이 이르시되 하늘의 궁창에 광명체들이 있어 낮과 밤을 나뉘게
하고 그것들로 징조와 계절과 날과 해를 이루게 하라 또 광명체들이
하늘의 궁창에 있어 땅을 비추라 하시니 그대로 되니라 하나님이 두
큰 광명체를 만드사 큰 광명체로 낮을 주관하게 하시고 작은 광명체로
밤을 주관하게 하시며 또 별들을 만드시고 하나님이 그것들을 하늘의
궁창에 두어 땅을 비추게 하시며 낮과 밤을 주관하게 하시고 빛과 어
둠을 나뉘게 하시니 하나님이 보시기에 좋았더라 저녁이 되고 아침이
되니 이는 넷째 날이니라 (창 1:14-19)

여기 묘사된 천상계 광명들(the celestial heavenly luminaries)은 필
경 해와 달일 텐데, 그 명칭이 모두 제거되어 있다. 왜일까? 이유는 오
로지 하나, 당대 신화에 대한 저항과 거부에 기인한다. 피조물은 영원
한 것이 아니며 창조된 것으로서, 섬김을 받는 것이 아닌 섬기는 존
재다. 태양신 샤마쉬(Shamash)와 달신 야리(Yarih)가 연상되는 그 명
사들은 ―쉐메쉬(태양)와 야레아크(달)가 제거된 채― 단지 '광명들'로
소개된 것이다.

그래서 우리의 천지창조 본문에는 낮과 밤은 있지만, 그것을 주
관하는 태양과 달이라는 명칭은 없다. 즉 이와 같이 (태양과 달이 빠진)
어색한 본문은 태양 숭배에 저항하는 이념을 지닌 '구속사 서문'으로
읽을 때만 자연스럽게 읽힌다. 〈갓 오브 이집트〉에서 사막의 불덩어
리 화신으로 소개되는 세트가 이집트인에게 잔악한 신으로 각인된
것은 태양 숭배에 저항하는 히브리인 신앙에 내재된 야웨 하나님의
상대적인 기호 때문이 아닐까?

이 영화에서 호루스는 세트의 근원으로 여겨지는 '사막의 불'을

꺼버리려고 안간힘을 쓴다. 한 가지 더욱 공교로운 사실은, 셋째 날 태어나 셋째 아들이 되었다는 이 이집트 신의 이름이 아담의 셋째 아들 세트와 같다는 것이다.

그것은 마치 모세라는 이름의 음가와 뜻이 이집트어에서 '(물에서) 건져내다'로 공유되는 것과 같은 이치다. '세트'는 히브리어로 보나 이집트어로 보나 어원을 밝히기 쉽지 않지만, 대체로 영어의 'Set(세움, 지명)'라는 뜻으로 양쪽 모두에 공유된다.

참된 부활

이 영화에서는 세트가 나라를 지배하기 전에 아버지 오시리스가 어떻게 덕으로 다스렸는지를, 아들 호루스가 신분 낮은 인간에게 회고하는 장면이 나온다. 모든 이집트 백성은 오시리스가 제공한 무덤에 묻힐 수 있었던 것이다. 지금으로 말하면 무료 공동묘지인 셈이다.

오시리스가 매장 문화와 내세관에서 대중적 인기를 끈 것은 역

[↓]
자기 권좌를
되찾기 위해
안간힘을 쓰는
태양 신 호루스.

사적 사실이지만, 이 영화에서처럼 부활의 자격이 저렇게 신분 낮은 사람들에게도 적용된다는 것은 파라오가 실존하던 문명에서는 요원하기만 했다. 그런 점에서 이는 영화의 각색이다. 오히려 그 부활의 참된 의미는 내세관이 아직 명확하지 않아 보이는 구약성서를 통해 드러난다.

창세기 마지막 장인 50장에는 야곱의 아들 요셉의 유언이 나온다. 그는 사실상 파라오와 함께 부활에 들어갈 수 있는 신분을 획득한 인물이다. 그런데 그는 이스라엘이 약속의 땅을 향해 이집트를 나갈 때, 반드시 자신의 유골을 빼내 줄 것을 후손들에게 맹세시켰다. 이는 내세에 얽힌 선과 악의 구분이 모호하던 시절, 즉 영생과 부활에 관한 내세관이 아직 틀을 갖추지 못했던 시기의 내세 사상을 잘 밝혀 주는 대목이다.

그들에게 영생과 부활의 핵심은 영원히 불로장생(진시황제 식의)한다는 데 있는 것이 아니라, '누·구·와 함께 영·원·히 있기를 원하느냐'였던 것이다. 요셉은 살아서도 죽어서도 신이었던 화려한 파라오와 영원을 동행하기보다는 자신의 (언약 안에 있는) 가족, 공동체, 민족, 계약 백성과 함께하기를 고대했다.

초기 그리스도교 공동체의 설립자 바울에게도 부활은 대단히 중요한 신학적 주제였다. 부활은 그의 가르침에서 한마디로 '소망'과 동의어였다. 초대교회가 직면했던 절박한 문제, 즉 이 땅에서의 실패 속에서 부활은 그들에게 유일한 희망이었다. 그렇기에 부활이 없다면 자신들이 가장 불쌍한 자임을 소회로 밝혔을까?(고전 15:19) 그 말은 당시 평균 수명 25세 정도에 불과하던 고대인들의 소망과도 상응하는 것이다(바울 시대에는 평균 수명이 40세 정도였다). 그야말로 '죽음 너머 희망'인 것이다.

당시 평균 수명의 몇 배를 더 살고 있는 우리의 수명을 감안할 때, 고대인의 입장에서 보면 사실상의 만수(萬壽)를 다 이룬 현대인이 고대하는 부활에는 어떤 것이 있을까? 고령사회가 재앙처럼 되어 버렸기에 하는 얘기다.

정의의 죽음과 부활의 시작

+ 감독   잭 스나이더

+ 주연   헨리 카빌, 벤 애플렉, 에이미 아담스, 로렌스 피쉬번

+ 개봉일   2016. 03. 24. 미국

+ 상영시간   151분

+ 등장인물   클락 켄트·슈퍼맨(헨리 카빌), 브루스 웨인·배트맨(벤 애플렉)

+ 줄거리   슈퍼맨과 같은 별 출신인 조드 장군은 고향 크립톤 재건을 위해 지구의 대재앙을 일
으키는 악당이다. 이 악당과의 격렬한 전투로 메트로폴리스가 파괴되는 바람에 슈퍼맨은 논쟁의 주인공이 되
었다. 그러한 슈퍼맨을 멀리서 바라보던 배트맨은 그동안의 영웅들이 스스로를 통제할 수 없었던 것처럼 슈퍼
맨 역시 변질되리라 단정 지은 나머지, 아예 자신이 먼저 슈퍼맨을 제거하기로 마음먹는다. 둘의 대결은 이렇
게 시작된다.

이 영화는 흥행을 위해 제작된 것 같지는 않다. 흥행을 위한 할리우드 오락물은 하·동절기 휴가나 방학 시즌을 노려 개봉 시기를 정하기 마련인데, 시기적으로도 그렇고(이 영화는 2016년 3월 24일 개봉되었다) 미국 영화의 흥행 공식인 '주인공을 죽게 해서는 안 된다'는 법칙도 깨져 있기 때문이다.

이 영화는 필경 부활절을 겨냥하고 만든 영화로, 어떤 무게감 있는 교훈을 주기 위해 제작했음에 틀림없다. 따라서 이 영화의 부제(Dawn of Justice)를 '정의의 시작'보다 '정의의 부활'이라 번역했어야 했다. 부제에 들어간 'Dawn'(여명/새벽)이라는 말과 함께 다음과 같은 구조 속에서 이 영화를 읽을 수 있기 때문이다.

혼돈과 파괴

영화는 혼돈으로 시작한다. 그 이유는 슈퍼맨이 신통치 않기 때문이다. 슈퍼맨은 악을 효과적으로 막아내지 못한다. 마치 〈맨 오브 스틸〉[1]의 마지막과 연결된 듯한 이 영화는 메트로폴리스의 테라포밍[2]

[←]
이번 시리즈는, 정의로운 영웅이라는 점에서는 같지만 극명하게 다른 두 명의 슈퍼 히어로를 대립시킴으로써 각기 다른 정의의 합을 꾀하고자 했다.

을 일으키는 조드 장군과 슈퍼맨의 대결로 도시 전체가 만신창이가 된 상태에서 시작된다. 이때 브루스 웨인(배트맨)은 고립된 직원과 시민을 대피시키기 위해 동분서주하고 있다. 무너지는 콘크리트 구조물 앞에서 구해 준 여자 어린이에게 엄마한테 데려다주겠다고 하자 아이는 무너져 내린 빌딩을 가리키며 눈물만 흘린다.

우는 아이를 안아 주는 브루스 웨인의 분노에 찬 눈에는 조드 장군과 함께 떨어지는 슈퍼맨이 포착되었다. 땅 아래에서의 이 같은 비극은 전혀 상관하지 않는 듯한 저 하늘에서 벌어지는 전투가 결코 의로워 보이지만은 않은 눈빛이다.

게다가 악에 대처하는 슈퍼맨의 선(善) 의지 자체가 매우 주관적이다. 그는 자신의 주관적 가치를 수호하기 위해 사회를 도탄에 빠뜨리는 영웅으로 사람들에게 인식되어 있을 정도다. 예를 들면 자기가 사랑하는 여자 때문에 자신의 권능을 남용하는 것이다. 그런 슈퍼맨의 태도를, 은퇴한 것으로 보이는 배트맨이 멀리서 못마땅하게 바라보고 있다.

그리하여 슈퍼맨에게만 맡겨 놓을 수는 없다. 배트맨이 다시금 장비를 착용하고 도시로 뛰어든다. 하지만 배트맨마저 자신의 주관적 의(義)로 충천해 있기는 마찬가지다. 심지어 배트맨이 구출해 주는 약자들은 자신들을 '악마'가 와서 구출해 준 줄로 알고 있을 정도다. 배트맨이 약자를 구출하면서 악인에게 고문까지 마다하지 않았기 때문이다. 직접 징벌을 부과하는 것이다. 게다가 이 배트맨은 자신의 그러한 의의 가치관을 걱정하는 노 집사(제레미 아이언스)에게 "우리가 언제 의로웠던 적이 있던가?"라는 말까지 서슴지 않는다.

하늘에서 온 사람과 땅에서 솟은 사람

고담 시(市)에서 흘러나오는 배트맨의 이런 무자비한 악행(악에 대한 응징)에 대해, 평범한 기자 클락(슈퍼맨)의 관심은 오로지 하나다. 언론을 통해 배트맨의 악행을 고발하는 것이다. 다시 말하면 시대의 두 영웅 슈퍼맨과 배트맨은 이같이 주관적인 의에 빠져 있어, 마치 사사기의 현장과 같아 보인다.

이들의 주관적 의를 부추기는 악인이 등장한다. 히스 레저(조커)의 연기력에 비하면 아직 한참 먼 꼬마 악당이지만, 이 당찬 악당 렉스 루터는 악에 관한 나름의 탄탄한 철학을 갖추고 있다.

"하나님이 선하다면 강자가 아닐 것이며, 하나님이 강자라면 분명 선하지 않을 것", "악마가 언제나 하늘에서 내려오지 땅에서 올라온 적이 있더냐"는 등의 말은 단순히 흘려보낼 수 있는 말들이 아니다. 왜냐하면 슈퍼맨은 하늘에서 내려온 정의이고 배트맨은 땅에서

제4장 슈퍼맨 대 배트맨: 정의의 시작_ 정의의 죽음과 부활의 시작

솟은 정의이기 때문이다.

이 영화의 소개에 따르면 브루스 웨인의 부모는 웨인이 어릴 때 극장에서 나오던 길에 괴한에게 피살되었다. 어느 날 온 가족이 극장에서 영화 관람을 마치고 나왔는데 길에서 마주친 괴한은 어린 브루스 웨인이 보는 앞에서 엄마와 아빠를 향해 총탄을 발사한 것이다.

슬픔을 이겨낼 수 없어 현실을 받아들일 수 없던 소년 브루스 웨인은 부모님의 장례식장에서 뛰쳐나오다가 그만 우물에 빠졌다. 질흙 같은 어둠 속에서의 두려움과 부모님을 잃은 슬픔으로 몸서리치고 있을 때 정체를 알 수 없는 박쥐 떼와 마주친다.

바로 그 순간 박쥐들은 브루스의 몸 주변을 휘감아 몰아치더니 우물 밖으로 빠져나올 수 있도록 신체를 공중으로 끌어 올려준다. 브루스 웨인은 당시 박쥐 떼가 자신을 빛으로 인도했다면서도 그 얼마나 아름다운 거짓말인가 하며 개탄하지만, 어두운 땅 속 지하에서 땅 위로 솟아오르는 도상은 하늘에서 내려온 정의(Justice)의 상징 슈퍼맨의 정체성과는 또 다른 하나의 정의를 기표로 갖는다.

빌라도의 관정

이 영화에서는 예수 당대 최고의 법정이었을 빌라도의 관정(官廷)과도 같은 법정이 나온다. 그 법정에 슈퍼맨이 마치 예수님처럼 선다. 논쟁의 중심에 선 그가 미(美) 국회의사당 청문회에 출두한 것이다. 이 법정에는 빌라도를 대신해 하늘이 아닌 인류의 안위를 걱정하는 여성 의원이 주심을 맡는가 하면, 매수당한 거짓 증인도 등장한다.

이 법정에서 슈퍼맨은 세상 사람들이 지켜보는 가운데 엄청난

누명을 뒤집어쓰고 만다. 청문회 현장에서 테러분자의 폭발물에 의해 국회의사당이 폭발해 버린 사건이 마치 슈퍼맨이 저지른 것으로 되어 버린 것이다. 성난 군중에게 슈퍼맨은 더 이상 정의의 사도이거나 논쟁의 대상이 아니라 완벽하게 악의 화신이 되고 만 순간이다. 이러한 인간들에게 환멸을 느낀 슈퍼맨은 자신을 일컬어 '하늘에서 온 자가 아니라 촌락의 농부였을 뿐'이라는 말을 남기고는 산으로 올라가 버린다.

'(괜히) 아버지 뜻대로만 살았다'는 생각으로 가득 찬 그는 산에 올라 '아버지'와 대화를 나눈다. 아버지는 이 세상 분이 아니다. 그의 기억 속에 있는 농부였던 아버지(케빈 코스트너)가 그 산에 묻혀 있다.

그때 눈 덮인 산에서 갑자기 아버지의 환영이 그에게 나타났다. 아버지는 아들에게 자신의 과거를 들려줬다. 농장에서 홍수가 난 어느 해에 그 홍수를 막아 영웅 대접을 받았다고 한다. 그러나 자기 농장의 침수는 막았지만 그 바람에 이웃 농장이 물에 잠겨 그 농장에 있던 모든 말이 물에 빠져 죽어 악몽에 시달려야 했다고 회고한다. 그렇게 아들 클락(슈퍼맨)을 독려하는 아버지는 그 악몽이 아내 마샤를 만나고서야 비로소 없어졌다는 말을 전한다.

종전의 슈퍼맨들이 힘을 잃고 낙심에 빠져 있을 때 대개 하늘의 (클립톤 행성의) 아버지가 환영으로 나타나 영감을 주었다면, 이 슈퍼맨의 경우는 땅의 아버지에게서 재기의 발판이 모색되었다는 점에 주목할 필요가 있다.

배트맨이 땅 속에서 솟아오른 정의를 기표했던 것과 함께, 하늘에서 온 슈퍼맨에게도 극복하기 어려운 이 땅에서의 문제를 다름 아닌 땅에서 맺은 (아버지와의) 인연을 통해 해결을 모색한다는 점에서

다른 슈퍼맨 시리즈와 달리 이 영화는 꽤나 신학적이다(신학의 궁극적
인 논제는 대개 땅에서의 문제를 다룬다). 특히 클락이 슈퍼맨으로 돌아가
기로 마음먹는 과정에서 상기한 이름 '마샤'가 주목을 끈다. 클락에
게 마샤는 땅에서의 '어머니' 이름이다.

악의 진멸과 롱기누스의 창

여전히 조커 흉내를 내는 이 악동 렉스 루터는 슈퍼맨의 고향 행성에
서 온 물질을 이용해 슈퍼맨을 능가하는 악마를 만드는 데 성공한다.
조드 장군을 다시 살려 낸 것이다. 이 괴물은 죽일 수가 없다. 지구상
의 어떤 무기로도 파괴할 수 없다. 이 괴물이 재탄생하는 동안, 슈퍼

[←]
프라 안젤리코
(1395?1455)의 벽화
〈성창(聖槍)으로
예수의 옆구리를
찌르는 롱기누스〉,
이탈리아 플로렌스의
산 마르코.

[→]
성창(聖槍).
오스트리아 비엔나
호프버그 궁전 소장.

맨은 '땅에서 솟아오른 인간' 배트맨에게 철저히 패배한다.

렉스 루터는 이미 슈퍼맨의 어머니를 납치해 인질로 잡고서 슈퍼맨으로 하여금 배트맨의 머리를 가져오도록 요구한 상태였다. 슈퍼맨은 배트맨에게 상황을 설명하려고 찾아가지만 슈퍼맨을 잡는 데 혈안이 된 배트맨은 도통 말을 들으려 하지 않는다.

힘으로는 슈퍼맨을 당할 수 없는 배트맨은 최첨단 장비를 몸에 두르고 비장의 무기인 크립토나이트 물질로 만든 가스탄을 쏴서 슈퍼맨을 잡는 데 성공한다. 슈퍼맨의 고향별에서 온 물질인 크립토나이트는 일시에 슈퍼맨이 힘을 잃게 만드는 물질이다. 무력화된 슈퍼맨을 두들겨 패던 배트맨은 크립토나이트 창이 준비된 장소로 끌고 간다. 슈퍼맨의 생명을 끝내려는 것이다.

이때 하늘에서 내려온 인간 슈퍼맨이 죽음 직전에 숨을 헐떡이며 땅의 사람처럼 내뱉은 말 한 마디는 '마샤', 곧 그의 어머니 이름이었던 것이다. 마샤를 구해 달라는 슈퍼맨의 울음 섞인 음성을 들으면 그가 진정한 땅의 사람이 된 것만 같다(마샤라는 이름은 '마르다Martha' 곧 '쓰디 쓴'을 뜻하는 '마라[מרר]'라는 히브리어에서 유래했다).

그렇게 땅의 사람으로서 본질에 다가서게 만든 그 창을 눈여겨 볼 필요가 있다. 슈퍼맨은 다시 힘을 내어 괴물을 응징하는데, 자기보다 훨씬 크고 힘 센 이 악마로 변한 조드 장군을 응징하는 유일한 수

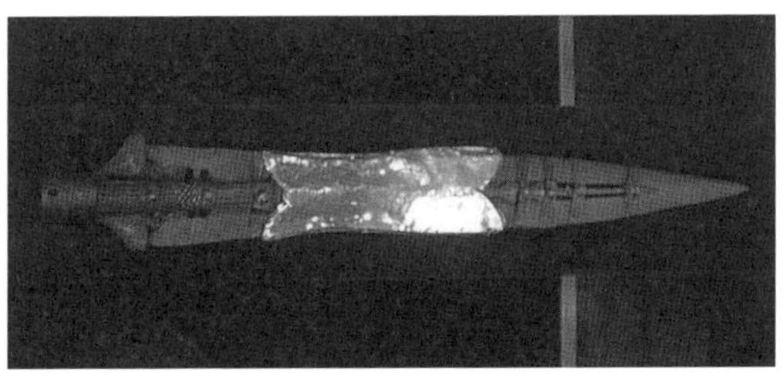

단이 바로 그 창이기 때문이다. 슈퍼맨 자신의 심장을 찌르는 동시에 악마를 사멸시키는 이 크립톤 행성 물질로 된 창은 마치 롱기누스의 창[3]인 것만 같다.

죽음

영화에서 우리는 상상도 할 수 없는 장면을 목격한다. 바로 슈퍼맨의 장례식이다. 스코틀랜드 풍의 전통 악기 소리가 울려 퍼지는 가운데 미국이라는 나라의 국장으로 치르는 듯 보이는 슈퍼맨의 장례식은 마치 미국 자신의 장례식인 것만 같다.

영웅들을 불러 모아야겠다는 배트맨의 말에 대해, "슈퍼맨까지 죽은 마당에 이 세상은 워낙 타락해서 어떤 영웅을 불러내도 이제 가망이 없다"는 대답은 미국 자신을 말하는 것 같다. 미국은 스스로 슈퍼맨이었을까?

§

이 영화에서 자주 목격되는 장면이 하나 있다. 슈퍼맨의 앞선 버전들은 하늘을 나는 슈퍼맨의 속도감에 집중하는 영상 일색이었는데, 이 영화에서는 붉은 망토를 휘날리며 공중에 떠 있는 모습이 자주 보였다. 처음에는 인위적인 것 같아 영 아니다 싶었는데, 반복해서 보다 보니 이콘화(Icon) 하나가 떠올랐다. 바로 94쪽의 제단화이다.

안톤 라파엘 멩스가 활동하던 시기는 공교롭게도 바로크(baroque)[4]로 대변되는 향락주의—루이 14세의 죽음 이후 중앙집권이 약화되고 일어난—와 다소 퇴폐적인 문화 곧 로코코(Rococo)[5]에 대

[→]
종전의 슈퍼맨이 빠르게 날아가는 도상에 자주 등장했다면, 여기서는 공중부양의 도상이 자주 목격된다.

제4장 슈퍼맨 대 배트맨: 정의의 시작_정의의 죽음과 부활의 시작

[←]
안톤 라파엘 멩스
(1728-1779)의
드레스덴 궁정교회
(Dresden Hofkirche)
제단화. 그리스도의
공중부양을 묘사한
고전주의 화풍이
유행하던 시대 상황은
공중부양하는
도상 속 슈퍼맨의
시대와 유사하다.

기호와 해석의 몽타주

한 권태로움이 팽창하던 시기다. 화산폭발로 묻힌 로마의 휴양지 폼페이의 대규모 발굴도 이때 이루어졌다(1748년).

이 시기에 대두된 것이 고전주의 및 신고전주의다. 고전주의는 말 그대로 고대 예술에서 영감을 얻은 후대의 예술을 일컫는 말이며, 신고전주의는 고대에서 영감을 얻되 창의적으로 그 시대를 적용한 예술을 일컫는다. 고대에 대한 경외감의 표시로서 고전이라는 용어를 사용하는 이 패러다임은 영국에서 시작되고 프랑스에서 절정을 이루면서 독일에도 영향을 미쳤다. 저 제단화를 그린 안톤 라파엘 멩스는 독일의 궁정화가다.

이와 같은 고전의 부활은 회화의 흐름에 영향을 미쳤는데, 정치적인 사태에 대한 선동가로서 화가의 역할을 벗어나 표준적인 규약이나 법칙들을 준수하게 된 것이다. 그와 같은 기대감이 이 제단화의 공중부양하는 예수 그리스도의 이미지를 만들어냈듯이, 이 영화는 이 땅에서의 정의를 열연한 저 인간다운 슈퍼맨의 이미지를 저 공중의 도상에서 구현하고 있다. 감독 잭 스나이더는 이 이콘화를 알고 있었을까. 어쨌든 영화 〈슈퍼맨 대 배트맨〉은 이 시대의 부활에 관한 도상을 훌륭하게 표현해내고 있다.

프레골리 망상과 서울 퀴어축제

+ **감독**　　　　　듀크 존슨, 찰리 카우프먼

+ **주연**　　　　　데이빗 튤리스, 제니퍼 제이슨 리, 톰 누난

+ **개봉일**　　　　2016. 03. 30. 미국

+ **상영시간**　　　90분

+ **등장인물**　　　리사 목소리(제니퍼 제이슨 리), 마이클 목소리(데이빗 듈리스).

+ **줄거리**　　　　한 가정의 남편이자 아빠인 마이클 스톤은 《고객을 어떻게 대할까》라는 베스트셀러 작가로, 효과적인 고객 만족 컨설턴트로 성공한 삶을 살아가지만 일상은 병적으로 찌들어 있다. 지역 도시 강연을 위해 신시내티라는 도시에 출장 간 마이클은 한 호텔에 묵으면서 권태로움을 잊으려고 성인 남성으로서 이런 저런 시도를 하다가 말로 표현할 수 없는 이상한 체험들을 하게 된다.

어제 강의가 끝나자마자 한 학생에게 곤란한 질문을 받았다. 강의 주제는 '사회개혁으로서의 종교개혁'이었는데, 이 학생은 교내에서 어떤 기독교 단체가 동성애와 관련하여 '차별금지법 반대 서명 캠페인'을 벌이는 사진을 내밀며 "교수님, 이래도 되는 거예요?" 하고 물어온 것이다.

'차별금지'를 공익으로 이해하는 이 학생의 눈에 비친 기독교는 '사회개혁' 집단이라기보다는 공익에 반하는 종교집단으로 보인 것 같다. 나는 하마터면 "(차별금지법 반대는) 당연한 것 아닌가? 왜?" 하는 말이 튀어나올 뻔한 걸 멈추었다. 학생의 얼굴을 보니 '이 사회의 흐름에 역행하고 있는 기독교인들이 잘못됐다!'며 (종교)개혁적으로 뭔가 한마디 던지면 거들 기세로 빤히 나를 바라보고 있었기 때문이다.

영화 〈아노말리사〉는 주제가 동성애는 아니지만, '동성애가 무엇인지' 인간에게 내재된 그 인식의 회전문[1]을 잘 보여 준다.

정체성 문제인가, '성(性)' 정체성 문제인가?

주인공 마이클 스톤은 성공한 고객 관리 컨설턴트이지만, 심각한 자기 정체성 문제를 안고 있다. 그것은 중년 남성의 위기 문제인 듯 전개되지만, 보다 포괄적이면서도 깊은 인간 인식에 관한 문제를 표지한다. 왜냐하면 이 사람의 귀에는 모든 목소리가 똑같은 '목소리'로 들리기 때문이다. 여기서 '똑같은 목소리'라 함은 특징이나 개성이 없는 목소리라는 뜻이 아니다. 성(性)의 구별 없이 들리는 목소리를 말한다. 목소리마다 개성은 있다. 그런데 성의 구별 없이 들리는 것이다. 마이클에게는 모든 목소리가 남자 목소리로 들린다. 남자는 남자의

악센트, 여자는 여자의 악센트가 있지만, 모든 목소리는 남자 목소리
로만 들린다.

동성애자의 문제인가, 모든 '이(異)'성애자의 문제인가?

그렇다면 '이 남성은 동성애자일까?' 싶은데, 동성애에는 난색을 표하
는 분명한 '남자'다. 가령 비행기에서 옛 애인에게 받은 편지를 꺼내
읽을 때, 그 편지에서 흘러나오는 목소리는 '여성'이 아닌 '남성'이다.
그리고 호텔 방에서 집에 전화를 걸었을 때 들려오는 아내의 목소리
도 '남성'이었다. 그래서 동성애자일까 싶지만, 비행기가 착륙할 때 옆
에 있던 남자가 슬쩍 자신의 손을 더듬자 명확하게 남자를 거절하는
'남성'이었다. 그렇다면 이 사람이 앓고 있는 문제는 무엇일까?

스토리텔링의 대가인 이 영화의 감독 찰리 카우프만은 이미 영
화를 만들 때 "만나는 모든 사람을 같은 사람으로 인식하는 증상인
'프레골리 망상(Fregoli delusion)'을 영화의 메타포로 써서 그 주인공
의 시점에 맞추었다"고 밝혔다.

[←]
주인공 마이클은
강박에 빠져 있는
우리 시대의
보편적 현대인을
상징한다.

[→]
영화 〈아노말리사〉는
스톱 모션
애니메이션의
혁명이라 불릴 만큼
치밀한 기획 아래
제작되었다.

정신병리학이라는 분야가 생겨나면서 망상(delusion)은 오늘날 다양한 양상으로 분류돼 임상이 가해지지만, 엄밀한 의미에서 망상은 사람이 지닌 '인식의 틀'에서 비롯되는 것이다.

하나님께서 사람을 만드실 때 남자와 여자로 만드셨는데(창 1:27), 모든 사람을 남자로 보면 어떻게 되겠는가? 그리고 모든 사람을 여자로 보면 어떻게 되겠는가? 살면서 만나는 모든 남성을 아버지로 간주해도 문제일 것이고, 모든 여성을 어머니로 여겨도 문제일 것이다. 그런데 우리에게는 이 인식의 틀이 가끔 요동친다. 특이하게도 주인공 마이클 스톤에게는 들리는 모든 사람의 목소리가 '남성'의 것이다.

동성애자의 문제인가, 현대 사회의 문제인가?

마이클 스톤이 앓고 있는 이 문제는 그의 특수한 직업에서 비롯한 것 같지만, 엄밀한 의미에서 현대인 모두가 앓고 있는 증후군이기도 하다. 영화에서 이 사람이 히트 시킨 책의 이름이 재미있다.

'고객을 어떻게 대할까?'라고 의역되어 나오지만, 책 제목은 'How May I Help You Help Them?'이다('당신을 돕겠습니다'라는 말과 '당신이(또는 내가) 그들을 어떻게 도울까'라는 말이 합쳐져서 들린다). 이 책을 읽은 사람마다 고객 관리에서 생산성이 90% 향상되었다고 한다. "미소를 잊지 마세요. 미소는 공짜잖아요?"라며 열띤 강연으로도 유명세를 타고 있는 저자이지만, 정작 강연을 하는 자신은 물론 모든 사람의 얼굴은 탈·부착 가능한 '가면'이다.

딱히 '고객만족센터'를 직장으로 두고 있지 않더라도, 이 불편한 '친절'의 역설은 모든 현대인의 문제 아니겠는가. 영화에서 주인공은 뜻밖에 사랑하는 여성 '리사'를 만난다. 그녀 역시 마이클이 쓴 책의 광팬으로, 한 제과회사 세일즈 텔레마케터(전화상담원)이지만 특별한 '목소리'가 있다. 그가 들을 수 있는 유일한 '여성 목소리'인 것이다.

그에게는 옛 애인의 목소리도 남성 목소리요, 레스토랑에서 서빙하는 여성의 목소리도 남성 목소리요, 심지어 아내의 목소리도 남성 목소리인데, 오로지 이 전화 상담원의 목소리만 '여성 목소리'다.

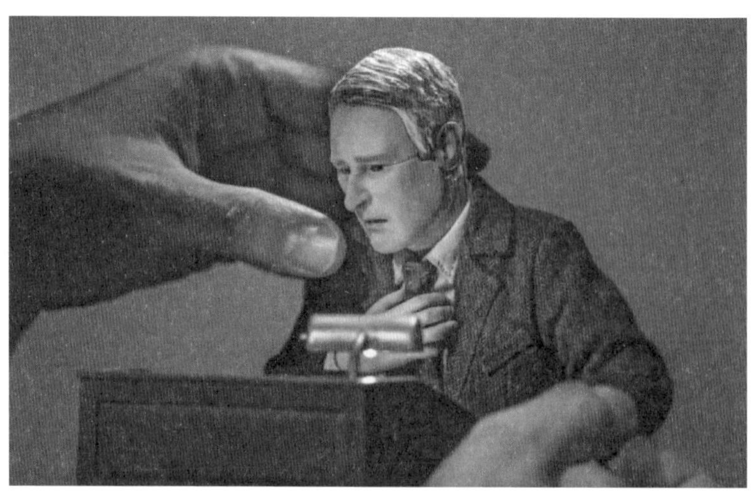

기호와 해석의 몽타주

신시내티 시(City of Cincinnati)와 프레골리 호텔(Hotel of Fregoli) 그리고 서울광장(Seoul Plaza)

영화의 배경인 도시 신시내티와 프레골리 호텔은 꽤 의미 있는 상징과 기호다. 실제로 그 도시의 동물원과 스파게티가 그토록 자랑거리인지는 모르겠으나, 주인공 마이클이 공항에서 호텔로 가는 택시에 오르자마자 쉬지 않고 말을 해대는 택시 기사는 꼭 동물원에 가볼 것과 꼭 파스타를 먹어볼 것을 권한다. 하루만 묵고 갈 거라고 했는데도, 이 도시에 왔으면 멸종될 동물들이 있는 그 동물원엘 꼭 가봐야 한다며 계속 강요한다. 전화상담원처럼.

고객에게 속사포처럼 쏴대는 그의 말을 듣기 싫어하는 주인공의 태도는 고객 관리 컨설턴트로서는 역설적인 행동이다. 심지어 유일한 '여성 목소리'를 내는 여자 리사의 목소리가 점점 '남성 목소리'

로 변하여 들리게 되는 것은, 밥 먹는 자리에서 "이 도시에서는 동물
원엘 꼭 가봐야 해요. 멸종될 동물들도 있고…"라며 그 택시 기사가
했던 말과 똑같은 말을 할 때이다.

신시내티(Cincinnati)를 'Sin-Sin-City'라고 발음하여 마치 '죄의
도시'처럼 들리게 조크를 하는 택시 기사의 말을 듣게 되는 건 영화
초반이므로, 그 도시가 무엇을 의미하는지 잘 알지 못한다. 그것은 호
텔 프레골리와 함께 의미화할 때 더욱 명확한 기호를 띤다. '프레골
리'는 앞서 감독이 밝힌 대로 프레골리 망상(Fregoli delusion)의 메타
포(은유)로 쓰였다고 했다. 그런데 프레골리란 무슨 뜻이며 어디서 온
말일까?

이 용어가 학명으로 나타난 것은 1927년경으로 보인다(P. Cour-
bon and G. Fail, *Syndrome d'illusion de Frégoli et schizophrénie*). 그들은
이 Fregoli라는 말을 들여올 때 1867년생이던 레오폴도 프레골리
(Leopoldo Fregoli)라는 실제 배우의 이름에서 따 왔다. 그는 살아생
전 변화무쌍한 캐릭터의 소유자였다고 한다. 이 영화의 시점인 주인

[↓]
영화 초입에서
택시 드라이버와의
만남은 짧은
상투적인
대화뿐이지만
마이클로 대변되는
현대인이 겪는
망상을 밝히는
중요한 실마리다.

공 시점에서 모든 사람의 얼굴이 가면인 이유이기도 하다(고대의 가면을 뜻하는 '페르소나persona'가 정신분석학에서 정식 용어로 사용되기도 한다). 모든 사람은 한 가면을 착용하고 살아야 정상일까, 여러 가면을 쓰고 살아야 정상일까?

만약 동성애자가 아닌 마이클이 여성 목소리를 여성 목소리로 듣지 못하는 프레골리 문제에 봉착해 있다면, 남성을 여성으로 동일시하고 여성을 남성으로 동일시하는 사람들—그들은 주로 동성애자일까—역시 이 프레골리가 표지하는 인식의 틀이 교란되었기 때문일 수 있다.

앞서 내 강의를 들은 학생이 문제를 제기했던 기독교인의 '차별금지법 반대' 문제는 사실상 동성애 반대로 집약되며, 특히 2016년 여름에도 서울시청 광장에서 벌어질지 모를 퀴어축제[2]를 겨냥하고 있다는 점에서(영화 상영 시점이 2016년 봄이었다), 신시내티 내 가면의 공간 '프레골리' 호텔은 서울에서 벌어질 그 기이한 축제의 기호와 상응한다.

왜냐하면, 다양성이라는 가치 기준으로 사용한 것으로 보이는 퀴어(Queer)라는 말은 '기묘한', '괴상한'이라는 뜻인바, 이 영화 제목 '아노말리사'(Anomalisa)와 뜻이 통하기 때문이다. 그 유일한 여성 목소리의 주인공 '리사'의 이름과 합성된 단어 '아노말'(a + normal)에서 a는 부정의 뜻을 지닌 접두어로 '기이하다'(not normal)는 뜻이다. 무엇이, 어떻게 기이한 것일까?

Fregoli(프레골리)의 명확한 어원은 밝혀져 있지 않으나, 사람의 성씨(이탈리아)에도 붙는 이 단어는 Fregola라고 했을 때 '프레골라 파스타'를 연상하면 기호 연관이 쉬워진다. 곡물(의 모양) 파스타라는 의미에서 쓰였기에, '곡물'이기도 한 이 프레골라(Fregola)는 문지르거나 비빈다(rub)는 뜻도 있다.

그것은 '곡물은 비벼서 취하는 열매'라는 고대의 상징 이해에서 형성된 기호였을 것이다(이 영화에서 택시 기사는 동물원 외에 파스타/스파게티를 무척 강조했다). 문지르고 비비는 것이 기이한 것인가? 그렇다. 그것이 바로 이 영화의 핵심 기호다.

청소년 관람 불가인 이 영화에는 매우 수위 높은 정사 장면 한 곳이 있다. 이 장면을 삭제해 버렸더라면 배급사 입장에서 관객 수를 더 늘릴 수도 있었을 법한데, 아마 그럴 수 없었을 것이다. 사실 이 글에서도 부담스러운 대목이지만, 마찬가지로 빠뜨릴 수 없는 이유이기도 하다. 왜냐하면 입으로 여성의 성기를 다루는 그 수위 높은 행위는 자신이 듣고 싶은 목소리를 듣기 위해 소리 내는 기관인 여성의 입을 성기로 대체해 버림으로써 프레골리 망상의 전형을 기호화한 핵심 장면이기 때문이다. 목소리의 동일화에 빠진 인식이 신체기관의 용도를 바꿔버린 셈이다. 프레골리에 빠진 이 사람에게 입은 상대적으로 교양 없이 '말하고' 교양 없이 '먹는 데' 사용되는, 위쪽에 달린 혐오스러운 기관이다(유일한 여성 목소리의 주인공 리사의 입은 교양이 없다).

이 영화에서 요약하고 있는 이 같은 증후군들, 곧 목소리에 싫증을 느껴 각기 '다른' 목소리들임에도 동일시하여 '같은' 목소리로 혼동하는 사람들, 그리고 사랑하는 사람과의 사랑 행위를 파스타를 비벼먹는 행위와 혼동하는 사람들, 이들이 공히 그 동일화 망상(Fregoli delusion)에 시달리는 것이라면, 성(의 기관)을 자유롭게 바꾸어 쓰는 행위 곧 동성애 역시 일종의 망상이며, 동일화 증후군인 것은 자명하다.

이 영화를 참조하면 2015년 우리나라의 '신시내티' 서울의 광장 한복판에서 벌어진 기이한 축제에서 (여)성의 심벌을 먹는 파이로 만들어 팔았던 사례는 이상한 일도 아니다. 차별 대상이 아니라 치료/치유의 대상인 이유다.

이 영화에는 마지막에 반전이 있다. '아노말리사'는 그 텔레마케터가 아니라 바로 인형 게이샤였다는 사실이 그 반전의 힌트다.

§

성경 로마서에는 이런 말이 있다. "저희가 마음에 하나님 두기를 싫어하매 하나님께서 저희를 그 상실한 마음대로 내어 버려두사 합당치 못한 일을 하게 하셨으니". 이 말은 "내가 너희에게 자유를 주어 파멸케 하리라"는 말과 일반으로 봐도 무방하다.

이 구절에는 '마음'이라는 말이 두 번 나오는데, 하나님을 두기 싫어하는 공간으로 지목된 앞의 '마음'은 ἐπίγνωσις, 즉 '지식'이 쌓이는 공간이다.

다음에 나오는 '상실함이 들어찬 공간'으로 지목된 두 번째 '마음'은 누스(νοῦς), 즉 '지성' 내지는 '인식'이 들어차는 공간이다. 이 구절의 저자는 이 누스에 하나님의 영이 내려와 주거한다고 본 것 같다.

그 공간이 텅 빈 상실이야말로 우리가 가장 두려워해야 할 '관계'로서의 징벌이기도 하다. 모든 동일화 망상(Fregoli delusion)은 그 공간이 비어 있을 때 발생하는 것이다.

이 때문에 하나님께서 그들을 부끄러운 욕심에 내버려 두셨으니 곧 그들의 여자들도 순리대로 쓸 것을 바꾸어 역리로 쓰며 그와 같이 남자들도 순리대로 여자 쓰기를 버리고 서로 향하여 음욕이 불 일듯 하매 남자가 남자와 더불어 부끄러운 일을 행하여(롬 1:26-27)

미국의 피해의식과 도널드 트럼프

+ **감독**　　　　앤소니 루소, 조 루소

+ **주연**　　　　크리스 에반스, 로버트 다우니 주니어

+ **개봉일**　　　2016. 04. 27. 미국

+ **상영시간**　　147분

+ **등장인물**　　스티브 로저스·캡틴 아메리카(크리스 에반스),

　　　　　　　　토니 스타크·아이언맨(로버트 다우니 주니어),

　　　　　　　　나타샤 로마노프·블랙 위도우(스칼렛 요한슨),

　　　　　　　　버키 반스·윈터 솔저(세바스찬 스탠),

　　　　　　　　피터 파커·스파이더맨(톰 홀랜드).

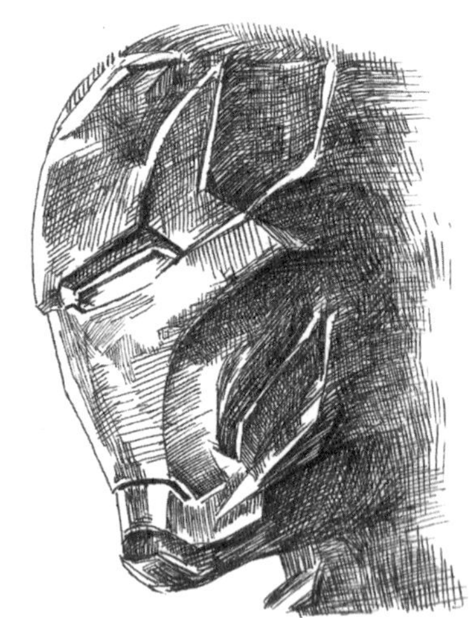

+ **줄거리**　　　전편에서 발생한 소코비아 사태 이후 어벤져스의 초법적 활동에 대한 회의적인 시각

이 공론화된다. 악을 제거해야 한다는 데는 모두 동의했지만 그 과정에서 발생하는 민간인의 피해 문제는 어

벤져스로 하여금 UN 산하에서 통제받게 해야 한다는 입장에 힘이 실린 것이다. 이렇게 해서 등장한 새 제도

가 '슈퍼히어로 등록제'다. 정부가 직접 관리·감독함으로써 초법적 활동이 원천 봉쇄되는 것이다. 이 때문에

어벤져스는 두 파로 갈라져 대립한다.

2016년 3월 개봉한 〈배트맨 대 슈퍼맨〉도 그랬지만, 근래 쏟아져 나오는 미국의 슈퍼 히어로물을 보노라면 요즘 미국은 피해의식에 시달리고 있는 것만 같다. 악을 효과적으로 막아 내지 못하는 영웅의 문제를 이야기의 발단으로 삼은 〈배트맨 대 슈퍼맨〉처럼, 〈캡틴 아메리카: 시빌 워(Civil War)〉도 악의 퇴치 과정에서 발생한 피해자들의 원한 이야기에서 시작하기 때문이다.

정의의 이면

시민들이 선(善)에 대한 슈퍼맨의 의지를 의심해 결국 그를 사회를 도탄에 빠뜨린 영웅으로 평가절하한 것처럼, 어벤져스의 현란하고 '멋진' 전투력에 속출한 피해자들의 원성은 어벤져스의 존재 가치에 의구심을 던진다.

그 의구심은 피해자뿐만 아니라 일부 어벤져스 일원들에게도 영향을 미쳐 '질서와 체계'라는, 그간 접해 보지 못했던 전혀 다른 노선으로 급선회하게 만든다. 특히 자유분방해서 이를 거부할 것만 같았던 아이언맨 토니 스타크는 누구보다 먼저 이 같은 체제로 전환할 것을 역설한다.

MIT를 방문한 토니 스타크는 대학 시절 부모님이 안타깝게 사고로 돌아가시기 직전 철부지였던 자신과 나눴던 이야기 장면을 기억 속에서 끄집어내 가상현실로 재현하는 기술을 선보이면서 공학과 심리 치료의 융합 가능성을 소개한다. 그러면서 학교의 모든 연구에 조건 없는 재정 지원을 해주겠다고 발표하며 학생들의 환호 속에 무대를 빠져나온다. 그 자리에서 그는 자기를 알아보는 한 흑인 여성을

만났다. 그녀가 누군지 전혀 알아볼 수 없었던 스타크는 그녀로부터 충격적인 말을 듣는다. "어벤져스('복수자')라고? 그러면 내 아들의 복수는 누가 해주지?"

　　이 여성은 어벤져스가 소코비아에서 전투를 벌일 때 죽은 민간인 청년의 어머니로, 어벤져스가 악당과 격렬하게 싸우는 과정에서 발생한 피해자였던 것이다. 이 충격적인 만남으로, 누구보다 체제를 거부할 것 같았던 토니 스타크는 가장 먼저 노선을 바꾼다.

새로운 질서, 짜인 조화

스타크의 분방함에 비하면 언제나 전체의 조화와 화합의 구심 축으로 일관해 왔기에 누구보다 먼저 이 새로운 질서로의 편입을 주도하고 설득할 것으로 생각된 캡틴 아메리카 스티브는 되레 반기를 들며 강력하게 저항한다.

　　그러는 바람에 캡틴 아메리카는 졸지에 범법자 신세로 전락한다. 이른바 '소코비아 합의서'(Sokovia Accord)[1]에 끝까지 서명을 거부

했기 때문이다. 그에 반해 스타크는 이 새로운 질서에 편입해 UN 산
하기구가 된 어벤져스의 새 리더가 되어 슈퍼히어로들에게 협정서 서
명을 받으러 다닌다. 거부하면 잡아들이는 임무를 부여 받고서.

협정서에는 이렇게 기록되어 있다.

In accordance with the document at hand, I hereby certify
that the below mentioned participants, peoples and indi-
viduals, shall no longer operate freely or unregulated, but
instead operate under the rules, ordinances and governanc-
es of the aforementioned United Nations panel, acting only
when and if the panel deems it appropriate and/or neces-
sary. -Sokovia Accords

(나는 이 문건에 따라 즉시, 아래 언급된 관계자나 사람들 또는 개인들이 더 이
상은 규제되지 않은 자유로운 활동을 할 수 없으며, 대신 규칙과 조례 그리고
상술한 UN 산하기구의 통제 아래서, 기구가 적합하거나 필요하다고 여길 때
만 활동할 것임을 증명한다.)

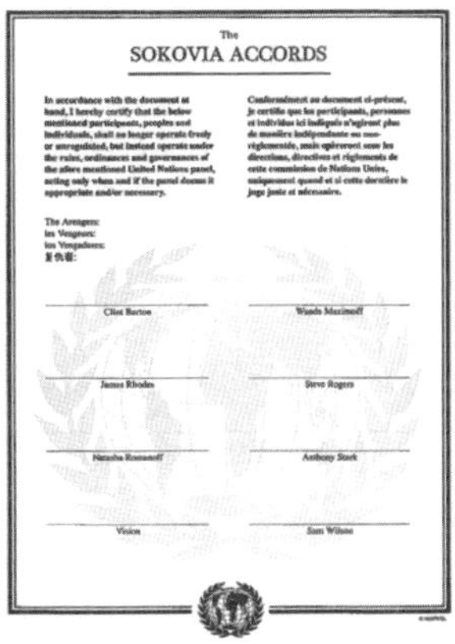

The
SOKOVIA ACCORDS

In accordance with the document at hand, I hereby certify that the below mentioned participants, peoples and individuals, shall no longer operate freely or unregulated, but instead operate under the rules, ordinance and governances of the afore mentioned United Nations panel, acting only when and if the panel deems it appropriate and/or necessary.

Conformément au document ci-présent, Je certifie que les participants, personnes et individus ici indiqués n'agiront plus de manière indépendante ou non-réglementée, mais opèreront sous les directives, directives et règlements de cette commission de Nations Unies, uniquement quand et si cette dernière le juge juste et nécessaire.

The Avengers:
les Vengeurs:
les Vengadores:
보복자:

Clint Barton	Wanda Maximoff
James Rhodes	Steve Rogers
Natasha Romanoff	Anthony Stark
Vision	Sam Wilson

제6장 캡틴 아메리카: 시빌 워_ 미국의 피해의식과 도널드 트럼프

캡틴 아메리카 스티브가 이 협정서에 서명을 거부하는 이유는 하나다. 어벤져스에게 부여된 초법적 지위를 포기하면, 상상을 초월하는 악이 출현했을 때 효과적으로 대응할 수 없기 때문이다. 저 서명으로 오히려 손발이 묶일 수 있다는 것이다. 그의 주장은 다음과 같은 문제에 비견할 수 있다.

가령 기독교 내 신앙 공동체에서 발생하는 다양한 분쟁에 대해 공동체 내의 조정과 재판에만 맡기고 승복하기보다는, 과거와 달리 세속 법정에서의 다툼과 판결에 더 큰 권위를 두고 세속의 판결로 직행하는 경우가 그것이다. 최근 빈번해진 이러한 질서는 세속의 법칙보다 초법적이어야 할 기독교 공동체가 보다 상위의 마지막 보루로서 지위를 스스로 박탈당함으로써, 질서의 자발적 퇴보가 아닐 수 없는 것이다. 캡틴 아메리카가 고수하는 '초법'이란 어떤 무질서가 아니라 그런 의미로 비견될 수 있는 것이다.

하지만 스타크의 생각은 달랐다. 자신이 희생시킨 피해자 가족을 만난 것을 계기로 분석한 바에 따르면, 어벤져스는 선과 정의를 수호하기 위해 싸워 왔지만 더 강한 악이 출현하는 빌미를 제공해 왔다는 것이다. 그리고 무엇보다 어벤져스 자신들의 좌충우돌하는 판단에 따라 일하던 시대는 이제 저물어 가고 있음을 역설했다. 체제와 시스템에 맡길 때가 왔다는 것이다. 이 팽팽한 두 입장의 대립은, 체제의 지휘에 따르겠다는 영웅들과 따르지 않겠다는 영웅들로 분열을 가져온다.

게다가 스타크의 평생 트라우마가 되어 버린, 자신의 부모님이 살해당한 사건이 다름 아닌 스티브의 친구인 버키(윈터솔저)에 의해 자행되었다는 사실이 밝혀지면서 둘의 감정은 걷잡을 수 없을 정도로

[➡]
캡틴 아메리카와 아이언맨이 둘로 나뉘자 다른 영웅들도 시민들도 두 패로 나뉘어 대립한다.

벌어진다. 스타크의 부모를 살해할 당시 버키는 세뇌당한 상태였다는 이유에서 스티브가 스타크의 복수를 힘으로 막아서기 때문이다.

"자신은 친구가 아니고 무엇인가?"라는, 캡틴 아메리카를 향한 아이언맨의 회의에 가득한 질문에는 미국 사회에 팽배해진 분열의 자의식이 고스란히 반영되어 있다.

미국의 자의식과 새 질서

실제로 슈퍼 경찰국가를 자처하던 미합중국의 위상은 영화가 아닌 오프라인에서도 예전 같지 않은 것이 확실하다. 이와 같은 분열에 비친 그들의 자의식이, 2016년 그들의 새로운 지도자를 뽑는 과정에서 뜻밖에도 여실히 드러났기 때문이다.

이는 특히 당내 경선 출발 당시 지지율 1%대에 지나지 않던 미 (美) 대선 공화당 후보 도널드 트럼프(Donald Trump)가 뜻밖의 강세로 급전환된 사실에 고스란히 반영되었다[이 글은 2016년 5월초에 쓴 것이다]. 소속 정당뿐 아니라 시민들에게 전혀 호감이 없던 그의 위상과 지지율 반등은 유세 기간 중에 발언한 '안보 무임승차론', 곧 미군의 주둔을 원하는 국가는 100% 비용을 지불해야 한다는 해괴한 논리로 정점을 찍었기 때문이다.

> 트럼프는 (CNN과의 인터뷰에서) "빈센트 브룩스 주한미군 사령관 지명자가 최근 상원 인준 청문회에서 한국은 주한미군 인적 비용의 50% 정도를 부담한다고 증언했는데, 어떻게 생각하느냐"는 질문에 "얼마라고? 50%? 왜 100%는 안 되느냐?"고 반문했다.[2]

자고로 슈퍼 히어로란 초월적 가치 체계로 움직일 때 슈퍼 히어로인 법이다. 되레 범인(凡人)의 제도로 귀속되겠다고 선언하는 순간 범인이 되고 마는 것이다.

이와 같이 스스로의 가치를 포기하려는 영웅 집단과 도널드 트럼프로 대변되는 미국의 집단 자의식은, 이를테면 2002년 주한미군 장갑차에 여중생들이 당한 사고를 까맣게 잊어버린 것 같다. 특히 당시 한국의 '이상한' 목사들이 백악관 앞까지 쫓아가 시위를 일삼던 반미(反美) 정서 속에서 한국인 대다수의 성숙한 '시민의식'이 미국에 대해 어떻게 우호적으로 대처했는지 잊어버린 것 같다.

또한 유라시아와 동아시아 대다수 영토에 이데올로기가 붉게 물들었던 시절, 유일하게 파란 점 하나를 찍고서 자기들을 도와 자유

[↑]
미국 45대 대통령 당선자 트럼프는
이 영화가 나올 시점만 해도 지지율 2%대의
후보자에 불과했으나 자국의 이익을 우선시하는
파격적 언행으로 선거에서 당선됨은 물론
향후 기존과는 다른 정책들을 예고하고 있다.

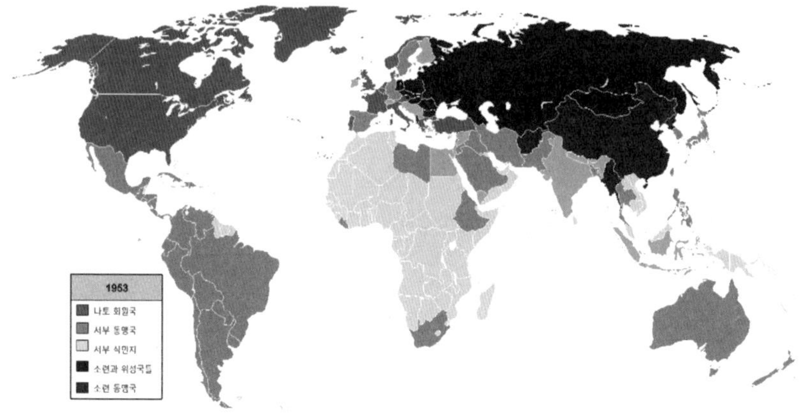

[←]
1947년부터
1953년에 이르는
이른바 냉전시대
(Cold War)를
나타낸 지도.
검은 색 부분이
공산주의 지대이며
우리나라는 그
끝자락에 위치해
있다. 이 상태에서
6·25를 겪었다.

주의를 수호했던 이 작은 우방국을 잊은 듯하다. 오로지 큰 나라가 작은 나라를 도왔다는 피해의식에 사로잡혀 있다.

엄밀한 의미에서 제2차 세계대전 이후 지금까지 이 지역에서 그동안 미군이 주둔하며 무상으로 제공받은 '훈련 제반의 거점 사용 비용'은 이 거점 국가에서 청구해야 할 것이지 지불해야 하는 것이 아님 또한 망각한 듯하다. 이러한 일련의 망각은 병든 어벤져스 집단의 자의식을 그대로 반영하는 것이다.

어벤져스의 책무

어벤져스(Avengers)라는 말은 앞서 아이언맨 스타크에게 희생자의 어머니가 말한 것처럼 '복수자들'이라는 뜻이다. 더 정확히 말하면 '원수를 갚아 줄 의무가 있는 사람들'이라는 뜻이다. 주어나 목적어가 빠진 이 술어에서, 누구를 위해 누구의 원한을 갚아 줘야 한다는 것일까?

그것은 단연 약자를 가리키며, 그런 점에서 이들의 정체성은 성서의 등장인물로 치면 마치 '판관(判官/ 士師)'에 가까운 것이다(형법 재

[→]
무적, 무패를
상징하던 캡틴
아메리카의 깨지지
않는 방패가
그만 깨지고 만다.

판관의 속성과 개념이 여기서 나왔다).

이들의 주된 활동 시대를 담고 있는 '사사기'의 종말에 가서는, 이 초법적 시대를 오히려 뒤로 물리려는 시민의식이, 범인(凡人)의 제도에 지나지 않던 왕의 제도를 들여오려고 한다. 그때 마지막 판관이었던 사무엘은 이렇게 말한다.

그가 너희 아들들을 취하여 갈 것이다. 그가 너희 딸들을 취하여 갈 것이다. 그가 너희 소산을 취하여 갈 것이다. 그가 소산의 십일조도 취하여 갈 것이다. 그가 너희 노비와 가축도 취하여 갈 것이다. 너희는 그

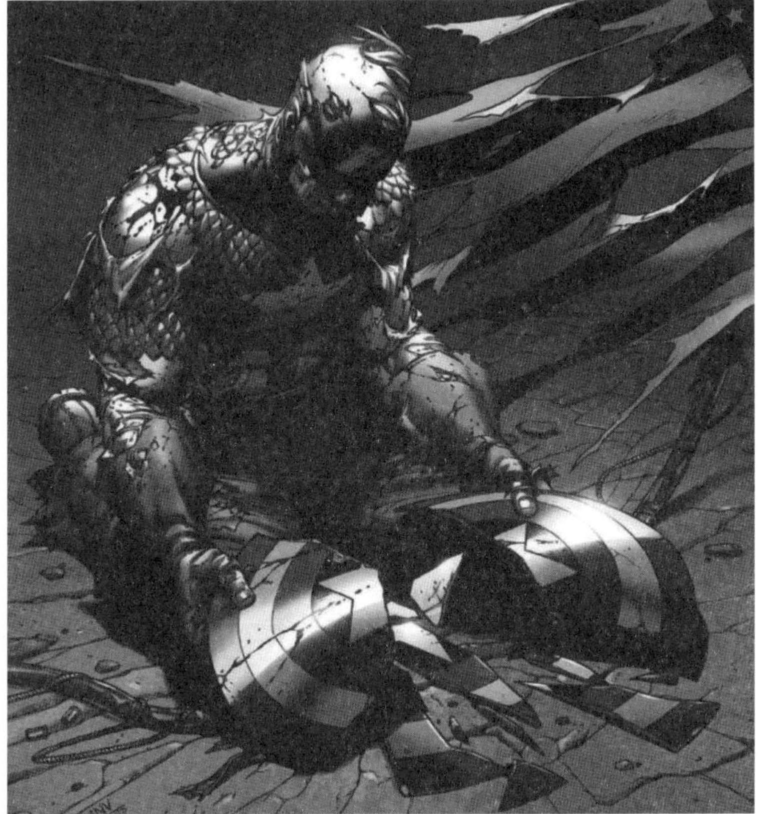

의 종이 될 것이라(삼상 8:11-17)

이 영화의 원작 〈시빌 워〉에서는 캡틴 아메리카 스티브가 죽는다. 〈배트맨 대 슈퍼맨〉에서 슈퍼맨이 죽는 것처럼. 이 글을 마무리하려는데 이런 기사까지 뜨고 있다. 우리의 발목을 잡을지 모를.

외교안보 부처 고위 당국자는 "한·미 양국 정보기관은 수시로 접촉하며 정보 교류 협력을 위한 협의를 진행한다"며 "북한이 제7차 당대회가 끝난 뒤 공세적으로 나올 가능성에 대비해 클래퍼 국장과 협의가 있었다"고 말했다. 특히 이 당국자는 "클래퍼 국장과의 대화 내용 중에는 미국이 북한과 평화협정과 관련한 논의를 할 경우 한국이 어느 정도까지 양보할 수 있느냐는 취지의 문의도 있었다"고 설명했다.[3]

아이언맨 스타크가 자기 편의 세를 불리기 위해 소년 '스파이더맨'을 찾아가 인터뷰하는 장면이 나온다.

스타크: 너는 왜 그 일(복면을 쓰고 위급한 상황에 돕는)을 하는 거니?

소년 스파이더맨: 사람들에게 안 좋은 일이 발생하면 그들의 안전을 도외시했다는 것에 죄책감을 느껴서요. 꼭 저 때문에 그렇게 된 것 같아요.

스타크는 이 말 한 마디를 확인하자마자 소년을 합류시킨다. 지금으로부터 66년 전, 기름 한 방울 안 나오는 이 땅에 와서 목숨을 바

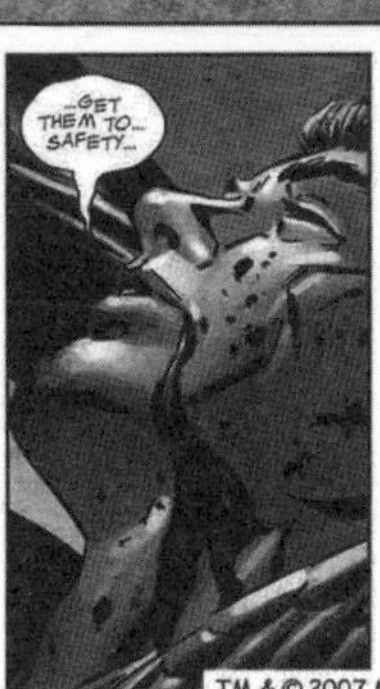

[↑]
원작에서는 깨진 방패에 이어
캡틴 아메리카/스티브의 죽음으로
끝맺는다.

제6장 캡틴 아메리카: 시빌 워_ 미국의 피해의식과 도널드 트럼프

친 수많은 어벤져스들의 마음이 바로 저 소년과 같은 마음이었을 것 같다. 당시 한국전쟁에 참전한 어벤져스들, 곧 유엔군 병사들 수는 다음과 같다. 괄호 내 수치는 사망자 수다.

미국 1,600,000(36,492),

영국 56,000(1,177),

캐나다 27,000(516),

터키 14,936(1,005),

호주 8,407(346),

필리핀 7,500(120),

태국 6,326(136),

뉴질랜드 5,350(41),

네덜란드 5,320(124),

콜롬비아 5,100(213),

기호와 해석의 몽타주

그리스 4,440(186),

프랑스 3,760(270),

벨기에 3,590(106),

에티오피아 3,518(122),

남아공 900(37),

덴마크 630,

노르웨이 623(3),

스웨덴 380,

인도 346,

이탈리아 185,

룩셈부르크 89(2),

유엔군 총계 1,754,400(40,896).

아이러니한 사실은, 이들 중에서 현대에 들어 경제적 지위가 뒤바뀐 처지에 놓인 빈국들을 향해 우리나라가 선교를 하는 경우가 있는데, 그 경우 우리는 마치 그들을 선교 식민지로 여기는 사례가 적지 않다는 것이다. 미국의 피해의식과 마찬가지로 지구촌 시민의식의 결여를 드러내는 예가 아닐 수 없다.

기독교에 살(煞)을 날린 영화

+ **감독**	나홍진
+ **주연**	곽도원, 황정민
+ **개봉일**	2016. 05. 11.
+ **상영시간**	156분
+ **등장인물**	종구(곽도원), 일광(황정민), 외지인(쿠니무라 준),
	무명(천우희), 효진(김환희).

+ **줄거리**　　　　한 마을에 의문의 살인 사건이 일어난다. 낯선 외지인(일본인)이 그 지역에 이주한 뒤로 벌어진 일이지만, 경찰은 일단 야생 버섯에 의한 중독으로 잠정 결론을 내린다. 그러나 그것만으로는 해결되지 않는 이상한 일들은 소문과 의혹의 꼬리를 물고 마을을 두려움에 떨게 하다가 살인 사건이 추가 발생하면서 이 사건은 연쇄살인 사건으로 전환된다. 경찰 종구는 현장을 목격했다는 여인 무명을 만나면서 소문으로만 떠돌던 모든 의혹에 확신을 갖는다. 일본인인 외지인을 범인으로 확신한 것이다. 그러다가 자신의 딸 효진이 이 연쇄 사건의 직접적인 피해자로 좁혀오면서 종구는 박수무당 일광을 불러들인다.

종교를 포함하는 사회인류학의 위대한 역작《The Golden Bough(황금가지)》를 남긴 제임스 프레이저(James G. Frazer)에 따르면, 주술의 원리는 세 가지다. 유사법칙(Law of Similarity)·접촉법칙(Law of Contact)·감염법칙(Law of Contagion)인데, 그중에서 가장 기초가 되는 원리는 유사법칙으로, 'that like produces like', 즉 '유사는 유사를 산출한다'는 것이다. 그는 이 책의 셋째 장에서 이런 말을 남겼다.

"유사가 유사를 산출한다"는 이 법칙에 대해, 여러 시대 여러 사람들에 의한 가장 친숙한 적용은 다음과 같은 시도일 것이다. 그것은 어떤 이미지가 고통스러워하면 똑같이 그 이미지의 주인공도 고통스러워하고, 그 이미지가 끔찍하게 파괴되었을 때 그도 틀림없이 죽을 것이라는 믿음 속에서, 어떤 원수의 이미지를 파괴하거나 부상 입힘으로써 바로 그 원수를 파괴시키거나 부상 입히려는 시도다.

[←]
'곡성' 이라는 제목은 '슬피 우는 소리'(哭聲, walling)를 뜻하지만, 지명으로서 '곡성'을 암시한다. 실제 지명인 '곡성'과는 관련이 없다고 밝혔지만, 감독 나홍진이 자라난 곳이 전남 곡성이다.

제7장 곡성_ 기독교에 살(煞)을 날린 영화

PERHAPS the most familiar application of the principle that like produces like is the attempt which has been made by many peoples in many ages to injure or destroy an enemy by injuring or destroying an image of him, in the belief that, just as the image suffers, so does the man, and that when it perishes he must die.

영화 〈곡성〉은 ‘위안부’, ‘역사교과서’ 등 주요 역사의 자리(setting in history)에 함께 서 왔던 종교의 자리(setting in religion)를 지적하기 위해 만들어졌다.

플롯의 유사성: 부활은 ‘영’인가, ‘살과 뼈’인가?

영화는 일본과의 역사 관계, 그리고 그것에 관한 역사 인식을 드러내려 의도하면서도, 이야기 전개는 기독교 경전에 나오는 예수 그리스도의 죽음과 부활 플롯을 그대로 가져다 쓰고 있다. 그렇지만 기독교가 아닌 무속의 틀 속에서 기독교 주제를 전개시키고 있다. 아예 이렇게 시작한다.

그들이 놀라고 무서워하여 그 보는 것을 영으로 생각하는지라 예수께서 이르시되 어찌하여 두려워하며 어찌하여 마음에 의심이 일어나느냐 내 손과 발을 보고 나인 줄 알라 또 나를 만져 보라 영은 살과 뼈가 없으되 너희 보는 바와 같이 나는 있느니라 (누가복음 24:37-39)

[→]
박수무당 일광.
일본 무당과
적대적인 대항 구도
속에 등장하지만
결말로 갈수록
정체성이 모호하다.

　‘죽음과 부활’ 자체보다 이를 대하는 사람의 반응에 집중하는 이 영화에서 곡성이라는 도시는 마치 예수의 제자들처럼 온통 놀라고 무서워하는 상황에 빠져 있다. 예수님의 제자들이 자기 스승의 부활을 접하고 그를 ‘영’으로 생각한 까닭에 두려움에 빠졌다면, 이 영화에서는 살인 그 자체보다는 살인(죽음)의 배후가 ‘영’인지 ‘살과 뼈’인지 하는 의혹으로 두려움의 도가니에 빠져든다.

　부활 사건은 ‘영(귀신)’인가? 아니면 ‘살과 뼈(역사)’인가?

　살인 사건은 ‘귀신(영)’인가? 아니면 ‘살과 뼈(역사)’인가?

죽음의 유사성: 살인은 ‘주술’의 효능인가, ‘버섯’의 효능인가?

마을에서 연쇄적으로 발생하는 모든 살인 사건의 용의자를 찾는 데는 어려움이 없었지만, 살해의 동기들이 모호하다. 그것은 ‘(독)버섯’

의 효능인가, 아니면 어떤 '주술'인가? 종구는 과학자는 아니지만 이성적이고 합리적인 판단을 해야 할 경찰임에도, 주술과 과학적 탐문 사이를 우왕좌왕하다 유사한 패턴으로 살인 사건이 계속되자 판단 기준이 과학적 근거에서 주술적 근거로 넘어가고 만다. 영의 세계로 들어선 것이다. 모든 살인 사건에는 유사성이 발견된다. 한 가정이 몰살당한다는 것, 그리고 그 직전에는 항상 주술(굿)의 흔적이 발견된다는 점.

주술의 유사성: '죽이는 굿'인가, '살리는 굿'인가?

마침내 우려하던 사태가 벌어지고 만다. '내 딸(종구의 딸 효진)에게까지 주술이 미치고 만 것'이다. 그것은 필경 외지인(일본인)과의 접촉에 따른 것이었다. 이와 같이 확신했을 때 종구뿐 아니라 마을 전체는 유사법칙·접촉법칙·감염법칙의 지배하에 들어서게 된다. 외지인과 접촉한 사람—특히 여성—은 하나같이 피부병을 드러낸다. 모두 성

[←]
일광이 펼치는 '살굿'. 이 굿이 피해자를 이롭게 하는 굿인지는 알 수 없는 미궁에 빠진다.

기호와 해석의 몽타주

(性)적 접촉이었던 것 같은 암시 속에 어떤 부녀자는 성폭행으로, 술집 여성은 자유로운 관계로, 심지어 초등학생 딸에게까지 치마 속 하체에서부터 피부병 발진이 시작되고 있다.

모든 피해자는 동시에 가해자(살인자)가 되고 마는 이 영적 문제를 해결하는 데는 세 가지 방도가 있다. 첫째 의술, 둘째 무속, 셋째 종교다. 당연히 의술은 이 강력한 주술을 억제할 힘이 없고, 가톨릭의 사제를 찾아가지만 이 이성의 종교는 전혀 도움을 주지 못하고 있다. 사람들의 실제적 영의 문제에 아무런 도움을 주지 못하는 사제상을 반영하는 것이다. 이제 이들이 기댈 곳은 무속뿐이다.

무능한 사제보다 백 번 든든한 박수무당 일광은 이 영적 문제 해결을 위해 혼신을 다해 천만 원짜리 '살굿'을 벌이지만, 정작 영화의 구조는 그가 대체 피해자에게 우호적인 무속인인지 아니면 악마의 하수인인지 알 수 없는 미궁에 빠뜨린다. 일본에서 온 그 외지인이 다른 장소에서 벌이는 굿과 동시에 벌어지는 이 굿판에서, 일광이 쏜 살(煞)이 대체 어디로 향하는지 알 수 없는 구조를 띠기 때문이다.

존재의 유사성: 사람이 악마인가, 악마가 사람인가?

게다가 이 영화에서는 각 존재들의 진정한 존재를 파악하기도 쉽지 않다. 악마인지 천사인지 구별하기도 어렵고, 우호적 존재인지 해를 끼치는 존재인지조차 파악이 어렵다. 이미 정체가 드러나다시피 한 외지인은 죽은 자를 주술로 깨우는 악한 무당 같은데, 이내 절벽에서 떨어져서는 흐느껴 우는 자아를 엿보인다. 그에게 양심이 있던가? 그런가 하면 영화의 시작부터 종구의 동선을 좇아 다니는 무명이라는 이 문제의 여인에 대해서도 속 시원히 알 수 없다. 사람인지 귀신인지? 악신인지 수호신인지?

실체를 알 수 없는 박수무당 일광 역시 원래부터 악한 박수였는지, 자신의 살이 그만 외지인의 살에 꺾여 외지인의 하수인이 되고 만 것인지 알 수 없다. 어쨌든 그와 외지인이 둘 다 카메라를 들고 다니면서 뭔가를 찍을 뿐만 아니라 특히 수많은 희생자 사진을 수집하고 있다는 사실의 유사성은, 이 영화에 담긴 기호 해석의 중요한 키(key)다.

의심의 유사성: 엠마오로 가는 두 제자

감독이 영화 프롤로그 본문을 알고 썼는지는 모르겠으나, 이 프롤로그가 담긴 '누가복음의 마지막 장'인 제24장에는 '엠마오로 가는 두 제자'라는 독특한 본문이 삽입돼 있다. 예수의 일대기를 담은 책은

기호와 해석의 몽타주

네 권인데, 바로 이 누가복음에만 나오는 이야기다.

이 본문은 빠져도 예수 그리스도의 죽음과 부활을 이해하는데 아무런 지장이 없다. 그럼에도 여기 삽입된 이유는 단 하나, '베드로'가 부활한 예수를 목격했다는 사실을 엠마오 길의 그 두 제자가 증언하기 때문이다. 다른 말로 하면 베드로는 수제자임에도 선생님의 죽음과 부활의 자리를 지키지 못했다는 사실의 확실한 반증인 셈이다. 베드로와 같이 우직하지만 의심에 찬 종구와 더불어, 결정적으로 동시간대에 또 다른 의심에 찬 상황 하나가 더 복선으로 등장한다. 딸 효진과 가족의 죽음을 막으러 가야 하는 아빠 종구가 의심 때문에 이러지도 저러지도 못하고 있는 동안, 악의 화신의 부활을 확인하러 간 가톨릭 부제 양이삼 역시 의심으로 이러지도 저러지도 못하고 있었던 것이다.

종구를 가지 못하게 붙드는 '무명'이라는 여인의 등장은 그나마 예수의 죽음과 부활의 자리를 지켰던 여인(들)을 대변한다. 이 테마의 원전인 성경에서 (무덤을 지켰던) 여인들이 무덤의 돌문을 누가 열어 줄까 걱정했다면(여자는 힘이 없으니까, 막 16:1-4), 이 영화에서 '무명'은 (흉가가 더 발생하지 않도록) 흉가를 지키는 두 군졸(경찰)에게 계속 돌멩이를 집어 던지고 있다.

무명은 종구에게 가족을 지키려면 닭이 세 번 울기까지는 '믿고' 가지 말라고 말리지만, 그녀가 귀신이라며 현혹되지 말라는 박수무당 일광의 말로 인해—특히 그녀의 피부색을 보고서—무명에 대한 '의심' 쪽으로 기울고 만다. 베드로처럼.

같은 시각, 부제 양이삼은 악마의 부활을 확인하러 간다. "너의 정체를 밝히라!"고 호통칠 권세도 없는 이 가톨릭 부제는 고작 "네가

악마가 아니라고 말해 달라(그러면 돌아갈게)"고 한다.

그의 청을 거절한 이 부활한 악마(일본인)는 "너는 이미 (나를) 악마라고 믿고 있다"면서, 급기야 그의 의심(혹은 믿음)이 토대가 된 듯 악마로 변신한다. 그뿐만 아니라 부활의 표징인 손의 못 자국을 보이며 "보라 영은 살과 뼈가 없으되 너희 보는 바와 같이 나는 있느니라"고까지 말한다. 자기가 무엇을 믿는지, 그리고 믿음이라는 자체에 확신이 없는 이 가톨릭 부제 양이삼은 '도마'였던 셈이다. 이 힘만 세고 머리가 안 돌아가는 베드로 종구의 의심과, 소심하고 사내답지 못한 도마 양이삼의 의심이 표지하는 것은 무엇일까?

[↑]
경찰이 살인 사건 현장을 지키고 있는데 정체불명의 여인(무명)이 돌을 던지고 있다.

기획된 유사성: 두 개의 대본

이 영화는 기품 있는 기호로 강하게 인코딩된 보기 드문 수작이지만, 감독의 인터뷰를 보고 이 영화에 대한 감흥이 사라지고 말았다. 그 인터뷰가 사실상 또 하나의 방대한 대본을 이루고 있다는 점에서, 이 영화는 '몽타주'라기보다 도식적인 '기획물'이 되고 말았기 때문이다.

통상 몽타주 작성자는 범인을 찾은 자가 나타날 때까지 기다려야 한다. 즉 몽타주 작가는 해석자가 나타나기를 기다려야 하는 법인데, 기획에 입각한 듯 또 하나의 스크립트를 제공한다면 그 영화는 몽타주가 아니라 퀴즈놀이에 지나지 않게 되어 버리는 까닭이다. 예컨대, 그의 긴 인터뷰 지문 중 다음과 같은 관객과의 대화를 유의해 볼 필요가 있다.

관객: 수미상관 구조가 궁금하다. 초반에 등장한 금어초가 후반부에 종구의 집에서도 등장하는데, 이 금어초가 (무명이) 다른 사람을 지켜주려 한 것인지?

나홍진: 타이틀이 뜨기 전 종구는 금어초를 보고 둥지 모양 무언가와 제사를 지낸 흔적들을 보는데, 이것은 두 번째 굿을 할 때 효진이가 누워 있던 방의 구조와 아주 유사한 미술이다. 즉 이 사건이 효진이의 집에서만 일어난 게 아니라, 계속 반복된 것임을 나타낸 것이다.

물론 범상한 관객이 감독과의 인터뷰에 참여할 리는 없지만, '금어초'라는 이름을 알고 있는 일반 관객이 우리 주변에 몇이나 될까

(싱싱할 때는 금붕어 같다고 하여 '금어초'로 불리는 이 꽃을, 영화 초반의 미끼 끼우는 장면과 유비시킨 모양이다). 이에 비해 상대적으로 감독은 사진에 대한 질문에는 의외로 짤막한 답변으로 종결하고 만다. 그것이 이 영화의 핵심 기호인 까닭일까?

신주처럼 제단에 놓였던 수많은 사진과 반복되는 사진 캡처 장면에 비해, 다음 답변은 지나치게 짤막한 것이기 때문이다.

관객: 외지인이 태웠다고 한 사진을 일광이 다 가지고 있었는데, 어떤 의미인지?

나홍진: 외지인과 일광이 한 패라는 점을 보여 주는 요소였다.

카메라의 유사성: 미놀타 하이매틱 S

이 영화에 등장하는 카메라는 미놀타 하이매틱 S 시리즈다. 일본에

기호와 해석의 몽타주

제7장 곡성_ 기독교에 살(煞)을 날린 영화

서 온 외지인이 '작업'하는 데도 쓰이며, 악마의 하수인이 된 박수무당 일광도 같은 기종을 갖고 있다. 물론 사진들도 같거나 유사하게 희생자 사진들 일색이다.

뭘 찍으려던 것일까. 구식 기종인 것으로 보아 PPL 광고는 아닌 것 같은데, 관객들이 무심히 지나칠까 봐서인지 필요 이상으로 클로즈업하고 있다. 137쪽의 두 카메라이다.

둘 다 같은 기종의 카메라지만 하나는 일본산 미놀타 정품이고, 다른 하나는 삼성에서 만든 것이다. 1979년 삼성이 일본 기업과 기술 제휴로 처음 탄생시킨 카메라 기종이다(출처: 삼성이 걸어온 길).

이 영화의 카메라들(이 영화를 찍은 카메라 포함)이 갖는 의미는 우선 두 가지일 것이다. 하나는 역사 인식을 상징한다. 특히 영화에서 배역을 차지하는 이 미놀타 카메라는 디지털이 아니라 파노라마식 필름을 사용한다는 점에도 의미가 있을 텐데, '일본 카메라'로 찍은 '역사'를 지적하는 것 같다. 한국인 일광이 같은 카메라로 찍는 것은 유사한 역사의식에 대한 지적일 것이다.

그렇지만 또 다른 기호 하나는 이 영화를 찍은 파인더에 담긴 역사 인식이다. 그것은 자본 또는 기업에 대한 다소 편중된 의식 같기도 한데, 물론 이 영화가 니콘 렌즈로 제작되었는지, 다른 어떤 서구 제품으로 제작되었는지, 아니면 이 영화를 찍을 만한 다른 어떤 민족 기업의 광학 제품이 있는지에 대해서는 전혀 기호를 주고 있지 않다.

감독에게 투사된 유사성

따라서 이 영화를 제작한 카메라의 파인더를 통해 유추하건대, 이 영

和二年」とあり、村山の作品であることが明記されている。また、この『朝鮮の習俗』には多数の写真が挿入されているが、それが村山所蔵写真と合致するので、この作品が村山のものであることは間違いがない。ただし、初版の刊行年（大正十四年）と村山記載の刊行年が違う。また「三五、九〇」という数字を「三五版、九〇頁」の意味とすると頁数もいくらか違う。これは元もとこういう名の案内書があったのを村山が途中で（つまり「昭和三年」に参与して内容のあるものに仕上げたのか、単に村山が年数を書き誤ったのか、現在のところは確定できない。あるいはまた改訂のたびごとに村山自身が手を加えているふしがみられるので（写真❸の説明参照）、記憶に錯誤が生じたことも考えられる。

とちあれ、村山は、二十年ほどのあいだに十冊余りの著書を残した。これらは服装と習俗のもの以外は、どれもかなり大部のもので、しかも単なる資料の羅列ではなく、村山なりの叙述も含まれている。「ページ数合わせて五三七二ページ」（本人の記述）というから、とにかく幅広く精力的な活動をし、「鬼神」と預……

村山智順六八歳の時、妙広寺にて（1958年）

注
1) 朝倉敏……一九九七年……究」として……て補足を……主要変遷……
2) また一……いてはま……
3) 朝倉敏……一九九七年……
4) これは……朝鮮総督府……だったの……
5) この書……資料であ……大正十四年……を重ねて……
6) 未刊の……（国書刊……著述」と……
7) 「福祉……る。この……など、十……
8) この女……書き込み……各種の謎……
9) その本……そらくか……山メモ」……
10) いずれ……告のなか……
11) 前引、……言語生活……を取りし……など、内……

[↑]
무라야마 지준(왼쪽)과
쿠니무라 준(오른쪽).

화에서 외지인 혹은 악마로서 비교적 비중 있게 출연하고 있는 쿠니무라 준은 꽤 기획된 배우로 파악된다. 왜냐하면 다음과 같은 실존 인물과의 유사성 때문이다.

한 사람의 이름은 무라야마 지준(村山智順, 1891-1968), 다른 한 사람은 이 영화에 등장하는 배우인 쿠니무라 준(Jun Kunimura, 1955-)이다. 60년 정도의 시대 차가 있지만, 두 사람이 각각 68세, 60세에 찍은 사진이다. 놀라울 정도로 유사하다. 두 사람은 이름의 음가도 비슷하다.

이 영화 속 외지인의 실존 인물로 해석되는 무라야마 지준은,

○한국의 풍속을 소개한 무라야마 지준의 자료집 가운데 '한국의 무녀들'
○무라야마 지준의 자료집에서 '문밖에 내걸린 새끼줄'의 일부. 아기를 낳았을 때 고추나 숯을 새끼줄에 걸어서 아기의 성별을 구별하던 풍습을 보여 준다.

[→]
○무라야마 지준의 자료집에서 '죽은 사람의 발바닥에 새긴 글자들'을 소개한 부분.

서론에 언급한 프레이저(James G. Frazer)의 노작에 버금갈 만한 역작을 한국인들을 대상으로 남겼다. 한국인의 민속 내지 민속신앙에 대한 방대한 자료다. 〈조선의 의복〉, 〈조선인의 사상과 성격〉, 〈조선의 풍속〉, 〈조선의 귀신〉, 〈조선의 풍수〉, 〈조선의 유사 종교〉 등 10여 권에 이른다고 한다. 이 자료들은 그가 조선총독부의 촉탁에 의해 한국에 와서 약 22년 동안 전국을 누비며 집대성한 것으로, 일본이 우리나라를 지배하는 데 밑거름이 되었다. 예를 들면 이런 것이다.

일제는 당시 식민지 한국을 대상으로 정치·행정뿐 아니라 종교에 관한 특별 정책도 폈는데, 평양대부흥운동(1907년)이 일어난 지 약 8년 뒤 제정된 '포교규정'(1915)에 따르면 종교인 및 종교시설은 총독부의 인허가를 받아야 하고, 그것은 불교나 기독교 등 고등종교뿐 아니라 유사종교 즉 민속신앙에 대해서도 적용됐다. 그러나 고등종교는 통제하기 쉬운 반면, 무속과 같은 민속신앙은 그렇지 않았다고 한다. 이때 조선총독부에 자료로 제공된 것이 바로 이 무라야마 지준

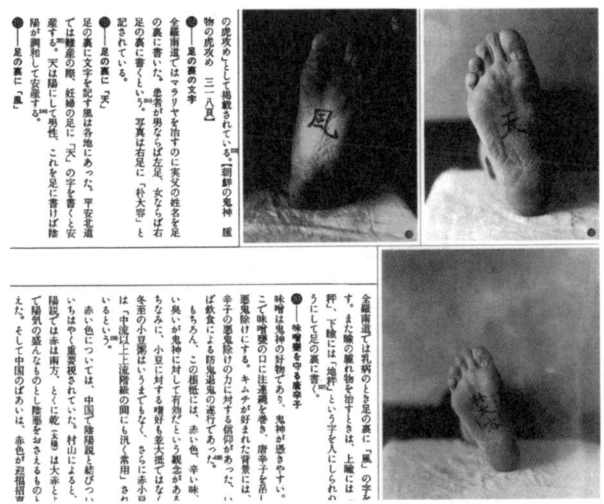

[←]
○ 무라야마 지준의
자료집에 실린
'상원당장군'.
영화에서 굿에
사용되는 장승이
이 장승과 닮았다.
○ 무라야마 지준이
찍은 한국의 장승들.
전통적인
천하대장군과
지하여장군 외에
다양한 장승이 있다.

기호와 해석의 몽타주

의 자료집이다.

140쪽 아래 사진에서 새끼줄이 내걸린 대문은 영화에서 마지막 희생자 집을 걸어 들어가면서 잡은 앵글 속 대문과 유사하다.

심지어 우리 선조들의 발바닥까지 찍어간 작가로서, 그는 일말의 양심이 있었을까?(절벽 아래서 떨어져 흐느끼는 영상 속 그의 자아가 그런 우리의 기대감을 반영하는지도 모르겠다)

이 사진작가의 카메라에는 이런 것도 잡혔다. 장승으로는 보통 천하대장군·지하여장군 정도가 알려져 있으나, 이 작가는 이미 다양한 장승을 찍어 놓았다. 142쪽 사진이 그것이다. 영화에서 박수무당 일광이 일본인들이 하는 식으로 정(釘)을 박은 대상은, 이 여성 장승 상원당장군(上元唐將軍)이었을 것이다. 도교식 이름으로 알려져 있는데, 이 영화에서는 여인 '무명'으로 유사(Similarity)시킨 셈이다. 다시 말해, 유약하기만 한 우리나라를 지켜온 건 군인/남정네들 같지만, 실상 그 남정네들이 연명한 것은 부녀자, 접대부 그리고 우리의 어린 딸들, 이들 힘없는 여성들이 온몸을 내던진 덕택이라는 사실이다.

나라를 지킨 이들 힘없는 여성의 목소리 외에 또 한 가지는, 현존하는 이 시대 우리나라 종교들—특히 기독교—에게 던지는 물음, 곧 "누가 예수의 부활의 자리를 지켰는가?" 또는 "과연 누가 이단인가?"일 것이다. 왜냐하면 민속신앙 속 여인 '무명'으로 대변되는(유사법칙) 우리의 딸, 효진이 이렇게 외치고 있기 때문이다.

"뭣이 중헌지도 모르면서!"

다음은 개인적으로 이 영화의 감독에게 날리는 '살'(질의)이자,

마지막 해석이다.

　'유사는 유사를 산출한다'(that like produces like).

　즉 감독은 지금 자신이 유사의 주술(Magic of Similarity)에 걸려 있거나, 아니면 이 영화를 통해 기독교를 향해 유사의 주술을 걸어 온 셈이다. 이를테면 쿠니무라 준이라는 배우가 기획된 배우였다면 후자일 것이다. 하지만 그렇지 않고 어쩌다 캐스팅하고 보니 '그'였다면, 전자에 해당할 것이다.

'아가씨'는 '핑거스미스'를 어떻게 훼손했나

+ **감독**　　　　　박찬욱

+ **주연**　　　　　김민희, 김태리, 하정우

+ **개봉일**　　　　2016. 06. 01.

+ **상영시간**　　　145분

+ **등장인물**　　　히데코(김민희), 숙희·하녀(김태리), 후지와라·백작(하정우),

　　　　　　　　　코우즈키·후견인(조진웅), 사사키·부인(김해숙).

+ **줄거리**　　　　일제강점기, 막대한 재산을 상속받게 된 한 귀족 아가씨는 후견인 이모부의 엄격한 통제 아래 살아간다. 이모부가 매일 서재에서 시키는 일은 책을 소중하게 보전하고 그 책들을 실감나게 읽는 훈련이다. 그런 그녀에게 새로운 하녀가 들어온다. 그러나 그 하녀에게는 목적이 따로 있다. 아가씨가 상속받게 될 막대한 재산을 노린 한 사기꾼 백작의 제안으로, 아가씨로 하여금 백작을 사랑하게 만들어 결혼하도록 돕는 것이다. 하녀는 도둑의 딸로서 장물아비 손에 자란 소매치기 고아였던 것이다. 그러나 이 하녀는 임무를 망각하고 아가씨에게 마음을 빼앗기고 만다.

'핑거스미스'는 이 영화의 원작의 이름이다. 이 글에서는 영화 〈아가씨〉를 해석하기보다는 원작이 이 영화에 의해 어떻게 훼손되었는지 추적하는 과정을 통해 그 '차이' 속에서 진정한 기호와 해석을 파악할 수 있도록 하였다. 다른 말로 하면 영화 〈아가씨〉는 원작《핑거스미스》와 달리 결코 추천할 만한 작품이 아니라는 뜻이기도 하다.

§

여성의 복종과 정절을 전 세계에 만연해 있는 잘못된 모성애의 기반으로 규정한 한스 요아힘 마츠(Hans-Joachim Mazz)는, 그것이 기독교 세계관의 왜곡된 인간 창조론에 기인한다면서 다음과 같이 외전(外典)을 소개했다.

유대인의 역사인 '구약'에 의하면 하나님은 아담을 창조한 것과 똑같은 방식으로 아담의 첫째 아내 릴리스를 창조했다. 하지만 아담과 릴리스는 평화롭게 살 수 없었다. 릴리스는 아담에게 복종하지 않았고, 둘 다 흙으로 빚어졌기 때문에 동등하다는 주장을 내세웠다. 성행위를 할 때 릴리스가 아담의 밑에 눕는 것을 거절하는 방법으로, 그녀의 동등권은 상징적으로 표현된다. 그녀는 사랑의 유희에서도 적극적으로 행동하며 '위에 올라가기'를 원했다. 이렇듯 릴리스가 복종을 거부하자, 아담은 불안해하며 화를 냈다. 두 사람의 싸움은 결국 릴리스가 낙원에서 도망가는 것으로 끝난다. 그리하여 릴리스는 '관능적인 여자'의 화신이 되었고, 나중에 창녀들의 수호신이자 자위하는 악녀, 금지된 쾌락으로 유혹하는 여자의 화신이 되었다. 융(C. G. Jung)의 심리학에서 그녀는 부정적인 아니마로 해석되고 있다."[1]

기호와 해석의 몽타주

저 외전에 대해서는 잠시 후 해설하겠지만, 우선 〈아가씨〉의 원작인 《핑거스미스》[2]의 주인공 이름 '모드 릴리'(Maud Lilly) 가운데 '릴리'가 릴리스에서 비롯되었으며, '모드'는 빅토리아 여왕(재위 1837-1901)의 손녀 이름이라는 사실을 알아 둘 필요가 있다. 이 같은 상징어들은 암시조차 되어 있지 않지만, 비교적 명백한 것들로서 일종의 역사 소설임을 미루어 짐작할 수 있다.

이와 같이 심층적인 상징들을 추려 보면, 〈아가씨〉의 원작 《핑거스미스》에서 중요한 기호는 대략 네 가지로 압축할 수 있다. 첫째는 장갑, 둘째는 책, 셋째는 아기, 넷째는 석스비 부인이다. 그런데 어찌된 일인지 영화 〈아가씨〉에서는 이들 중대한 기호 중 '책'을 제외한 모든 것이 누락되어 있다. 게다가 그 '책'에 대한 기호조차도 제대로 된 해석을 입히지 못한 것으로 보인다.

아가씨와 석스비 부인

이른바 빅토리아 시대, 19세기가 저물어 갈 무렵 어느 날 영국 런던 템스 강에서 한 사공이 소포 상자를 발견했다. 열어 보니 그 안에는 아기 사체가 있었다. 경찰은 용케 범인을 찾아냈다. 범인은 지역에서 오랫동안 위탁아동 사업을 해 오던 아멜리아 다이어(Amella Dyer)라는 중년 여성이었다. 아동을 위탁받는다고 신문 광고까지 내 오던 그녀는 간호사 출신이라는 이력 덕분에 '고객'에게 신뢰를 얻었다. 맡긴 아기들을 부유한 집으로 입양 보낸다고 속여 위탁비를 받아 챙기고는 아이들은 목 졸라 죽여가면서 사업을 이어가다 덜미가 붙잡힌 것이다. 당시 경찰은 그녀가 200~400명의 유아를 살해했을 것으로 보았고, 그녀는 교수형에 처해졌다.

이와 같은 아동 위탁사업을 당시에는 '아기농장'(Baby Farming)이라고 불렀다. 교수형된 이 실존 인물을 등장시킨 것만 같은 소설《핑거스미스》는 빅토리아 시대의 번영 이면의 어두운 단면을 시사한다.

빅토리아 시대는 규범에 어긋난 자는 모두 사회의 보이지 않는 벽장 속에 감춰야 했던 시기다. 그중에는 동성애자나 창녀, 심지어 미혼모도 포함되었으며, 그 벽장이란 주로 정신병원이었다. 가령 청결해 보이지 않는 여성의 경우 본인 의사와는 상관없이 불시에 생식기 검사를 받아야 했던(Contagious Diseases Prevention Acts) 사회 정서 속에서, 이 시대는 특히나 미혼모에게 혹독했다.

《핑거스미스》에서 모든 이야기의 발단이 바로 이 아기농장과 정신병원에서 얽힌 출생의 비밀로 시작한다. 모드 릴리의 어머니는 미혼모였는데, 아버지와 오빠가 그녀를 정신병원에 가두기 직전 석스비 부인(Mrs. Sucksby)의 시설에 와서 아기 릴리를 맡기며 지극히 평범한 여성(자기와 같은 귀족 여성이 아니라)으로 길러 달라고 한다. 그리하여 그 아기는 평범하다 못해 아예 글을 모르는 소매치기로 양육된다. 핑거스미스는 '소매치기'라는 뜻의 19세기 속어다.

기호와 해석의 몽타주

[↑]
이 영화에서 두 주인공 여성의 출신 가정은 실제로
'아기농장'이라는 아동 위탁가정으로 역사적인 것이다.
사진은 그런 위탁가정에서 발생한 유아 살해의 범인
아멜리아 다이어와 사건 기사.

그러나 영화 〈아가씨〉에서는 이 중차대한 발단 자체가 사라져 버렸다. 빅토리아 시대를 일제강점기로 대체하긴 했지만, 이 중차대한 플롯 대신 동성 간 성행위만 강조하다 보니 동기(발단)가 없는 배경이 되고 말았다(일본 옷을 입고 일본말을 쓴다고 배경이 되는 것은 아니다). 그래서 〈아가씨〉는 동기와 발단이 부재하는 영화다. 외설 영화의 첫 번째 특징이다.

아가씨와 서책

석스비 부인의 집은 교수형이 집행되는 형장이 잘 보이는, '전망 좋은 집'이다. 그래서 사형이 집행되는 날이면 짭짤한 부수입을 올린다. 시민들에게 돈을 받고 사형 장면이 잘 보이는 2층을 대여해 주는 것이다. 그런데 이 집이 위치한 거리의 이름이 예사롭지 않게 자주 목격된다. '랜트 스트리트'(Lant Street), 어딜까?

랜트 스트리트는 실제로 유서 깊은 곳이다. 이 거리에는 실제로 마샬시(Marshalsea) 법정과 감옥이 있었는데, 이 감옥은 바로 찰스 디킨스(Charles Dickens)의 작품에 나오곤 하던 곳(그의 아버지가 이 감옥

기호와 해석의 몽타주

에 있었다)이다. 석스비 부인 역시 디킨스 소설에 나오는 이름이며, 아기농장 역시 그의 소설에 등장하는 사업의 주된 업종이다.《핑거스미스》에서 다른 주인공 수 트린더(Sue Trinder)가 이 거리를 행진하는 장면은 아예 '올리버 트위스트'의 노골적 각색이다. 《핑거스미스》가 이와 같이 과도하게 찰스 디킨스의 흔적을 노출하는 이유는 무엇일까?

19세기 이전의 여성은 독립적인 존재가 아니라 남편에게 종속된 존재였다. 이런 문제는 19세기 전까지는 대부분 거론조차 되지 못했는데, 빅토리아 시대에 와서 정치·경제·교육에 이르는 전반적인 불평등 문제로 나타났다. 수백만 명의 노동자와 함께 여성은 투표권이 없었으며, 무엇보다 자기 이름으로 된 재산을 가질 수 없었다(《핑거스미스》에서 모드 릴리가 남편이 있기 전까지는 상속받은 재산을 수령할 수 없던 이유가 그것이다).

《올리버 트위스트》같이 사회 고발을 주제로 한 통속 소설이 성

[←]
영화
〈올리버 트위스트〉의
한 장면. 영화
〈핑거 스미스〉에서도
유사한 거리의
분위기에서 이야기가
전개된다.

[→]
《올리버 트위스트》의
저자 찰스 디킨스.

행한 시기가 바로 빅토리아 시대지만, 여성의 이 같은 법적 지위는 이 시대 소설에서조차 거의 다뤄지지 못했다. 남녀평등을 논할 때도 대개 여성의 역할은 남성의 교양 있는 대화 상대나 가정을 지키는 천사로 묘사되는 정도가 전부였다.

《핑거스미스》에서 모드 릴리가 남성 후견인(삼촌 크리스토퍼)에게서 교양 있게 책을 낭독하는 훈련을 받지만, 실상 그 남성의 서책에 담긴 내용은 모두 외설인 이유가 그 때문일까? 세태에 대한 비판일 것이다. 찰스 디킨스도 예외는 아니었다.

찰스 디킨스는 살아생전 책을 낭독하고 다니는 것을 대단히 즐겼다고 한다. 당대의 낭독회는 작가의 주된 수입원 중 하나였다. 당시 찰스 디킨스의 낭독회는 큰 인기를 몰고 다녔는데, 디킨스 자신이 무척 실감나는 낭독을 했다고 한다. 그런 인기를 타고 그는 큰 재산을 모았다. 그러나 가정을 중요시하는 내용을 담은 그의 소설과 달리 현실에서는 여배우와 바람이 나서 1858년 이혼했다.

그는 처제들도 사랑했던 것 같다. 일찍 죽은 처제 메리를 잊지 못해 그녀의 머리카락을 지니고 다니는가 하면, 또 다른 처제 조지아

는 평생 결혼을 않고 디킨스의 아이들을 돌보았다고 한다. 둘 간에는 혼외 자식도 하나 두어, 얼마 전에는 그 혼외 자식의 아들로 추정되는 인물이 디킨스의 유품을 경매로 내놓은 기사도 있었다.

《핑거스미스》는 왜 찰스 디킨스의 그림자를 밟았을까? 그 시대의 고발을 담았다는 그의 '통속 소설'의 이중성을 폭로하고 싶어서였을까? '아저씨, 왜 그러셨는데요!' 하는 식으로….

영화 〈아가씨〉에 등장하는 아저씨는 이보다 더 심각한데, 감독은 아저씨를 차라리 일본 포르노 제작자로 그려내고 말았다. 그러는 바람에 당초 원작이 투사시켰던 중대한 문학 비평 자체를 지워버리고 말았다. 이것이 〈아가씨〉가 외설인 두 번째 이유다.

아가씨와 아기

영화 〈아가씨〉가 원작의 문학적 본질을 지우고 외설로 바꾸는 방식은 릴리스 콤플렉스를 추출하기 위해 앞서 마츠 박사가 유대/기독교 경전에 행했던 외설의 방식과 동일한 것이었다. 마츠가 인용한 외전의 맥락은 의도가 전혀 다른 것이기 때문이다. 그 텍스트 전문을 살펴볼 필요가 있다. 이렇게 시작하는 이야기다.

어린 아들이 병에 걸리자 느부갓네살 왕은 말하였다. "내 아들을 고쳐라. 그렇지 않으면 널 죽일 것이다." 벤 시라는 즉시 자리에 앉아 거룩한 이름으로 부적을 썼다. 그리고는 거기다 치료의 천사들을 기명해 나갔다. 그들의 이름과 형체와 형상, 그리고 그들의 날개와 손과 발에 따라 의술을 부여 받은 천사들이었다. 느부갓네살은 부적을 바라보았다. "이들은 누구냐?"

의술을 담당하는 천사들 세노이(Snvi), 센세노이(Snsvi), 셈앙겔로프(Smnglof)입니다. 하나님께서는 독처하는 아담을 만드신 후 말씀하셨습니다. '사람이 독처하게 되는 것이 좋지 않다(창 2:18).' 그러시고는 아담을 만드신 것처럼, 흙으로 아담을 위하여 여자를 만드시고 그녀를 릴리스라 불렀습니다.

아담과 릴리스는 싸우기 시작했습니다. 그녀가 말했습니다. '나는 아

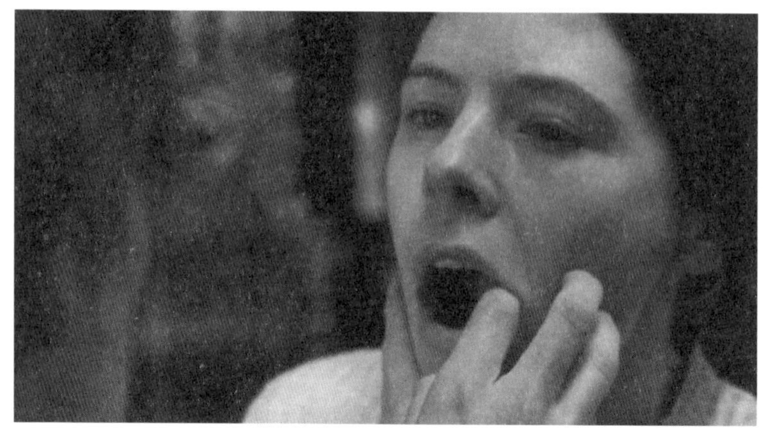

래에 눕지 않을 것이다.' 그러자 그가 말했습니다. '나는 너의 밑에 눕지 않고 오로지 위에만 있을 것이다. 내가 (너)보다 우월한 존재로 지어져서 네가 밑에 위치하는 것이 훨씬 맞기 때문이야.' 릴리스가 대답했습니다. '우리는 둘 다 똑같이 땅에서 만들어졌으니 서로 평등해.' 그러나 그들은 서로 듣지 않았습니다.

릴리스는 잠시 후 감히 입 밖으로 부를 수 없는 그분의 이름을 읊조렸고, 그것은 공기로 날아가 버렸습니다. 아담은 자기를 지으신 창조주께 기도했습니다. '우주의 통치자시여! 당신이 내게 준 그 여자가 떠났습니다.' 그러자 거룩한 그분께서는 즉시 그녀를 다시 데려오도록 이들 세 천사를 보내셨습니다.

거룩하신 그분이 아담에게 말씀하셨습니다. '그녀가 돌아오는 것에 동의한다면 좋겠으나, 그렇지 않다면 그녀는 매일 100명의 자녀가 죽는 것을 받아들여야 할지니라.' 천사들이 하나님을 떠나 릴리스를 추격했습니다. 그들은 이집트인들이 빠져 죽었던 권능의 물들 중심부, 바다 한복판에서 그녀를 발견했습니다. 그들은 하나님의 말씀을 그녀에게 전했습니다. 그러나 그녀는 돌아가기를 원치 않았습니다. 천사들은 말했습니다. '우리가 너를 바다에 빠뜨리고 말 것이다.'

'날 내버려 두세요!' 그녀는 말했습니다. '나는 잉태의 고통을 위해서만 지어졌을 뿐입니다. 만약 태어난 아기가 남자아이면 출생일부터 8일 동안만 그 아이에게 힘이 미칠 것이고, 여자아이라면 12일 동안 힘이 미칠 것입니다.'

천사들이 릴리스의 말을 들었을 때 그들은 그녀가 돌아가야 한다고 고집했습니다. 그러나 그녀는 그들에게 살아 계시고 영원하신 하나님의 이름으로 맹세하기를, '내가 당신들 또는 당신들의 이름, 또는 어떤

부적 속에서라도 당신들 형상을 보았을 때는 그 유아에게 내 아무런 힘이 미치지 않을 것입니다.'

또한 그녀는 매일 죽게 될 운명의 자손 100명을 잉태하는 데 동의했습니다. 그에 따라 매일 100명의 귀신이 죽어나갔고, 그 같은 연유로 우리는 지금 어린아이들의 부적 위에 그 천사들의 이름을 기록하는 것입니다. 릴리스가 그들의 이름들을 보았을 때, 그녀는 자신의 맹세를 기억하고는 그 아이를 회복시키는 것입니다.[3]

히브리어 음가로는 '릴리트'라고 발음되는 이 릴리스 전승은, 고대 바벨론 탈무드부터 사해문서에 이르기까지 폭넓게 존재한다. 여성 악신이나 두려움의 존재로 알려진 이것이 정경에 나오는 것은, 이사야서 34장 14절에서 올빼미로 번역된 정도일 것이다. 그러던 것이 후대 몇몇 작품에서 아담의 첫 여자로 창작되어 나타났으나, 가장 오랜 형태의 본문은 위와 같은 대화체로 알려져 있다(Alpha Beta Ben Sira 78./ AD 800). 중요한 것은 여기서 과연 릴리스라는 메타포가 표지하는 속성이 무엇인가 하는 점이다.

악신? 부적? 미신? 결국 어둠과 부정의 형태로 귀결되고 말았지만 여기서 릴리스가 표지하는 것은 오로지 하나, 그것은 단순히 분방하고 음란한 이교적 여신의 형식이 아니라, 어디까지나 고대 사회에서 감내해야 했던 여성의 육아와 아기들의 말할 수 없는 고통을 대변한다 할 것이다. 매일 100명의 신생아가 죽은 채 잉태될 것이라는 의미는 고대 유아들의 유산 및 사산 빈도를 반영한다. 복종과 정절이 건강한 모성애에 방해가 된다는 릴리스 콤플렉스가 외설적 편집의 산물이라는 이유가 여기에 있다.

그런 점에서 위의 벤 시라 본문의 릴리스는 '모드 릴리'의 생모이자 '수 트린더'의 계모인 석스비 부인의 기호로 상응한다. 왜냐하면 그녀가 당대에 아기농장이라는 불편한 직종에 종사한 여성이었던 것은 사실이지만, 최후에 자기가 낳고 기른 그 기구한 아이들을 보호하기 위해 기꺼이 교수형을 당했다는 점에서 참된 릴리스 상일 수 있기 때문이다. 영화 〈아가씨〉에서는 이 중차대한 기호, 즉 '아기와 육아'가 '통편집'되어 사라지고 없다. 이는 〈아가씨〉가 외설인 세 번째 이유다.

석스비 부인이 아기를 인질로 잡고 있는 모드 릴리와 이렇게 말한다.

모드: 나를 가게 하지 않으면, 당신의 아기를 죽일 거야.

석스비: 어차피 멀리 왔어.

모드: 정말이야… 그렇게 할 거야. 그렇게 할 거야.

석스비: 애야. 여러 해 동안 원치 않는 아기들을 돌봐 왔단다. 지금은 일곱 명을 돌보고 있지. 원하면 여섯 명으로 만들어도 돼. 아니면 다섯이나. 누구도 그리워하지 않을 거야.

아가씨와 장갑

이제 이 영화의 궁극적 기호, 장갑이다. 장갑은 다의적 기호를 갖는
다. 빅토리아 시대라는 역사 시점을 상정한 경우에는 더욱 그렇다. 손
(가락)은 본래 도구를 상징하지만, 무엇보다 접촉을 기표한다. 무엇 무
엇을 만지지 않겠다는 것인가, 무엇 무엇으로부터 피하겠다는 것인
가? 이것이 제도적 기호로 작용할 때는 말 그대로 '아가씨'를 상징할
것이다. 빅토리아 여왕이나 그 손녀와 같은 아가씨. 최고 권력을 지
닌 여성이면서도 동성인 여성을 헤아리지 못하는 제도적 기호, 장갑.

　　이 장갑이 심리적 기호로 작용할 때는 대개 나를 향한 억압으
로 전환한다. 심리적 기제 속에서 강박에 빠진 사람의 대부분이 손
씻는 일에서 그 반복된 의례를 구축하는 이유가 여기에 있다. 손에
장갑을 끼거나, 손 씻는 의식을 치르거나. 이와 같은 의례가 금제(禁
制)의 형식을 동반할 때 그것은 종교적 기호로 진입한다. 장갑이 종교
적 기호가 되었을 때 그것은 구체적으로 무엇을 의미할까?

　　〈아가씨〉에서 뜻밖에도 기호 전환이 성공적으로 이루어진 곳이

[→]
〈핑거스미스〉에서
등장하는 금단의 영역.
여기서의 기호는
손가락이지만
〈아가씨〉에서는
'뱀'으로 바뀌어
표현되었다.

[←]
〈핑거스미스〉
원작 소설 표지.
Virago Press.

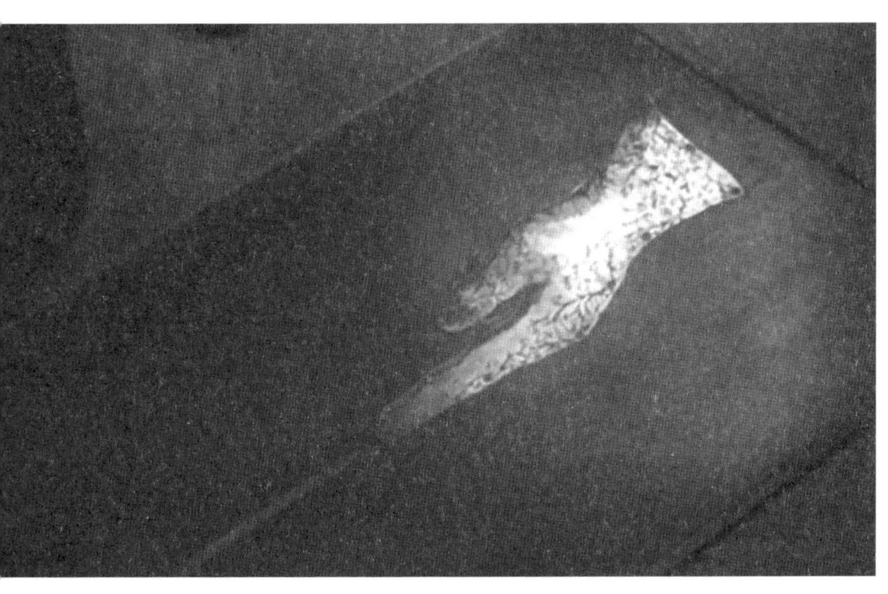

딱 하나 있는데, 서재로의 접근 금지가 《핑거스미스》에서는 '장갑 낀 손가락' 표지였다면 〈아가씨〉에서는 '뱀'이라는 것이다. 서재로 접근 하려 할 때 《핑거스미스》에서는 "핑거! 핑거!" 하지만, 〈아가씨〉에서 는 "뱀! 뱀!" 하며 경고를 날린다. 그러고는 그 경계선에 놀랍게도 '무 지의 경계선'이라는 이름까지 덧붙였다.

창세기에서 릴리스의 후임자, 곧 하와가 그 무지의 경계선 뱀을 만났을 때 한 말을 상기할 필요가 있다.

하나님의 말씀에 너희는 먹지도 말고 만지지도 말라 너희가 죽을까 하 노라 하셨느니라(창 3:3)

하나님께서는 먹지 말라고는 했어도, 만지지 말라고 하신 적은 없었다(창 2:16-17). 그런데 어찌하여 이 여성, '제2의 릴리스'는 "만지

기호와 해석의 몽타주

지도 말라"고 했다고 하였을까? 적어도 이 여성에게 지식, 곧 '아는 것'이란 '만지는 것'인 까닭이다. 지식이란 먹는 것인가, 보는 것인가, 만지는 것인가?《핑거스미스》에서도 지식은 '만지는 것'이다. 특히나 그 '지식'을 '성', '동성애'와 동일선상에 놓은 것은 놀라운 통찰이 아닐 수 없다. 왜냐하면 지식의 궁극적 종말들은 언제나 만질 수 있는 어떤 것, 곧 신체에 관한 '부끄러움'이기 때문이다.

이를테면 아담과 하와가 지식의 나무 열매를 먹고서 얻은 결과는 '부끄러움'이었다(창 3:7; 참조. 2:25). 지식 곧 '앎'의 결과가 부끄러움이었다는 사실은 지당한 것이다. 부끄러움이란 '앎'의 궁극적 실체이기 때문이다. 부끄러움을 인식하지 못한즉 무지의 경계를 넘지 못하는 상황이기도 하다. 그래서 이를테면 동성애자들이 처하는 부끄러움을 모르는 상태 또한 그들이 겪는 무지의 결국으로 소개되고 있는 것이다(롬 1:26-27).

> 이를 인하여 하나님께서 저희를 부끄러운 욕심에 내어 버려 두셨으니 곧 저희 여인들도 순리대로 쓸 것을 바꾸어 역리로 쓰며 이와 같이 남자들도 순리대로 여인 쓰기를 버리고 서로 향하여 음욕이 불 일 듯하매 남자가 남자로 더불어 부끄러운 일을 행하여 저희의 그릇됨에 상당한 보응을 그 자신에 받았느니라(롬 1:26-27)

〈아가씨〉가 이 무지의 경계에 담긴 진정한 의미를 알고서 뱀이라는 기호를 채용했을 것 같지는 않다. 왜냐하면 〈아가씨〉는 성(性)을 순리대로 쓸 것을 바꾸어 역리로 쓰는 '무지'에 관한 한 〈핑거스미스〉보다 더 적극성을 띤 기호(무지라는)를 산출하기 때문이다. 〈아가씨〉가 〈핑거스미스〉보다 더 무지함에 갇혀 있는 셈이다. 무지의 경계선을 넘어가 뭔가를 알게 된 것 같지만, 이 '아가씨'들에겐 도무지 부끄러움이 없다. 여기서 말하는 부끄러움이란 굳이 도덕적 기준이나 종교적 가치가 아니다. 그것은 미학의 부재다. 부끄러움의 부재는 곧 미학의 부재이며, 이것이 영화 〈아가씨〉가 외설인 네 번째 이유다.

제9장_ 나우 유 씨 미 2

성경을 마술처럼 읽는가,
마술처럼 믿는가?

+ **감독**	존 추
+ **주연**	제시 아이젠버그, 마크 러팔로, 우디 해럴슨, 데이브 프랭코
+ **개봉일**	2016. 07. 12. 미국
+ **상영시간**	129분
+ **등장인물**	J. 대니얼 아틀라스(제시 아이젠버그), 딜런 로즈(마크 러펄로),

메리트 매키니·체이스 매키니(우디 해럴슨), 잭 와일더(데이브 프랭코),

룰라(리지 캐플런), 태디어스 브래들리(모건 프리먼).

+ **줄거리**   30년 전에 벌어졌던 라이오넬 슈라이크의 생애 마지막 공연은 마술 평론가 태디어스와의 대결처럼 진행되었다. 태디어스가 위험한 마술을 격동하여 라이오넬이 금고 속에 들어간 것이다. 이 마술로 라이오넬은 사망하고 그 아들 딜런 로즈는 세월이 흘러 '포 호스맨'이라는 마술단의 숨은 리더로 성장한다. FBI 수사관이기도 한 딜런 로즈는 이중생활을 하면서 아버지의 복수를 계획하여 태디어스를 교도소로 보내는 데 성공한다. 그러나 딜런이 이끄는 마술사기단은 강력한 적에 의해 전 세계 팬이 보는 앞에서 함정에 빠지고 만다. 자기 팀의 목숨을 구해야 한다는 일념 속에서 태디어스를 다시 석방하고 태디어스와 위험한 거래를 한다.

마술에 관한 가장 선대의 사료는 이집트 11왕조 묘역에 속한 바케트 (Baqet III)라는 한 지방관리 무덤에서 발굴된 벽화로 알려져 있다(B.C. 2500). 아래 그림에서 보듯 공과 컵이 마술 도구라는 것이다. 그러나 과장된 면이 없지 않다. 평면 그림으로 유추한 수준에 불과하기 때문이다. 저것이 공과 컵인지 어찌 증명할 텐가?

게다가 해당 분야의 학자 가운데는 저것을 "컵과 공이 아니라 빵 굽는 장면"으로 보는 이도 꽤 있다. 그렇지만 마술의 가장 오랜 기원이 이같이 이집트 문화에 기반한다는 점은 의미 있는 사실이며, 이를 지지해 주는 사료가 바로 마술을 배격하는 책, 곧 기독교 경전이라는 사실도 의미가 있다. 그 경전 중에서 '구약/율법'을 수여한 인물인 모세가 공적인 과업으로 첫발을 내디딘 사건 또한 고대 이집트 마술사들과의 대결이었기 때문이다.

666, 프리메이슨, 일루미나티 등, 각종 음모론에 관여하는 사람들이 경악할 만한 수준으로 외눈(전시안) 묘사에 노골적인 이 영화 〈나우 유 씨 미 2〉의 핵심 주제는, 바로 그 고대 이집트의 마술사들과

[←]
이집트 11왕조
유적 가운데
바케트(Baqet III)라는
지방관리 무덤
벽화 중 일부를
전사한 그림.
일명 '컵과 사발
(Cup and Ball)'.

대결을 벌인 모세가 수여한 율법 중에서 함무라비 코드(Hammurabi's Code)[1]로 불리는 'An eye for an eye', 즉 "눈에는 눈"이라는 보복의 법전 코드이다.

눈에는 눈

전설적인 마술사 라이오넬 슈라이크가 정적 테디어스(모건 프리먼)의 충동으로 무리하게 탈출 마술을 시도하다 죽자 그의 아들 딜런 로즈가 훗날 고도의 전략과 마술로 테디어스를 함정에 빠뜨려 감옥으로 보내는 복수극이 전편의 내용이라면, 감옥에서 "눈에는 눈"(An eye for an eye)을 곱씹는 테디어스의 복수심이 속편의 시작을 고한다.

그런데 흥미로운 점은, "눈에는 눈"이라는 이 구약 탈리온 법칙(Lex Talionis)이 동태복수(同態復讐)의 개념 속에서 이야기로 진행된다기보다, 소위 '전시안(全視眼)'으로서의 외눈(the eye)에 대한 개념으로 전개된다는 사실이다. 이 문제는 나중에 설명할 것이다.

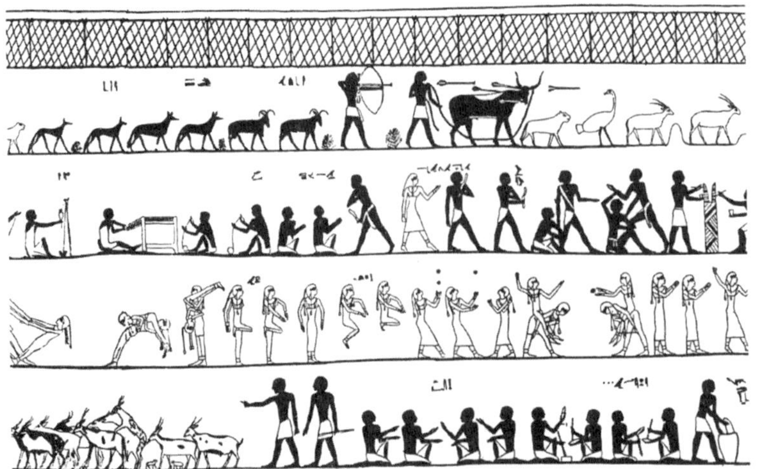

기호와 해석의 몽타주

마술, 주술, 기술

이 동태복수법의 수여자 모세와 예수 그리스도 사이에서 발생하는 일종의 유비(상호동일성)는 신약성서 중 복음서를 기술하는 주요한 방식의 하나인데, 그것이 가장 심화되어 나타난 곳이 마태복음이다. 동태복수법을 포함한 전 율법을 모세가 수여했다면, 예수께서는 산상에서 율법의 새로운 이해이자 율법의 완성태인 복음을 선포하고 있으며, 산상수훈이라 불리는 그 현장에서 동태복수법에 대한 새로운 개념도 부여하기 때문이다.

특히 이 복음서에만 등장하는 동방박사들은 모세가 대결했던 이집트 파라오의 술객들과 유비되면서, 2세 이하 모든 유아를 죽인 헤롯 또한 모세 출생 당시 유아를 살해한 이집트 파라오와 유비되기 때문이다. 단, 동박박사들은 파라오 당시 모세를 대적했던 것과는 상이하게도, 예수께는 경배를 드리더라는 것이다. 이 동방박사들을 마구스(μάγους)라고 부르는데, magicians(마술사)라는 말이 여기서 유래했다(구약에서 모세와의 대결 장면에서는 아예 술객과 σοφιστάς[철학자]들을 동

제9장 나우 유 씨 미_ 성경을 마술처럼 읽는가, 마술처럼 믿는가?

류로 묶어 냈다. 출 7:11-12 참고).

따라서 페르시아에서 온 것으로 추정되는 이 (동방의) 박사들은 현대적 의미에서 과학자로 보면 별 무리가 없다. 점성술(천문학)은 말할 것도 없거니와 연금술(화학), 의술(의학) 등 다양한 이치를 아우르는 일종의 현자 집단이었으며, 특히 사제직을 겸했다. 페르시아 사제(조로아스터교)는 오늘날에도 '모그'라고 불린다.

오늘날의 '기술'에 비하면 보잘것없는 수준이겠지만 당대에는 최고의 과학자 집단으로 이해되었다는 점에서, 모세와 이집트 마술사들의 결투는 신화적인 전쟁 이상의 의미가 있다. 당대 과학으로 대변되던 이성 신(intellectualizing God)으로서의 이집트 미신들에 대한 야웨의 승리로 이해될 수 있는 것이다.

성경은 이집트 마술사들이 모세와 똑같이 지팡이를 뱀으로 변모시킬 수 있었지만 모세의 뱀이 이집트 마술사의 뱀(지팡이)을 집어삼켰다고 기록하고 있다.

> 바로도 현인들과 마술사들을 부르매 그 애굽 요술사들도 그들의 요술로 그와 같이 행하되 각 사람이 지팡이를 던지매 뱀이 되었으나 아론의 지팡이가 그들의 지팡이를 삼키니라(출 7:11-12)

본문을 정확히 인용하면, 뱀이 되도록 지팡이를 던진 사람 중에는 마술·요술사만이 아니라 그 자리에 있던 모든 사람, 즉 이집트의 현인도 있었다는 것이다. 각자 자신의 지식을 투척한 것이다. 참고로 지혜의 상징인 뱀(오피스, ὄφις)의 철자를 뒤집으면 소피아(σοφία), 즉 지혜가 된다. 그래서 뱀은 '이성'으로서 지식의 기호인 것이다.

그리하여 주술사(마법사)는 저주를 비는 따위의 일종의 종교적 기운을 띠는 부류지만, 마술사라 함은 차라리 기술에 능한 과학자인 셈이다. 설령 자신이 주술을 연기한다 하더라도 실제로는 매우 이성적인 과학을 구사하는 것이다.

이것이 마술과 주술의 차이이며, 또한 과학은 자연의 이치와 밀접한 관계를 이룬다. 자연의 이치를 밝혀내지 못하면 마술과 신화인 것이고, 밝혀내면 과학인 것이다. 따라서 과학으로서 마술은, 역설적이게도 미신과 주술을 폭로하는 성질이 있다. 이 영화 〈나우 유 씨 미 2〉가 그런 마술을 소개하는 것 같다.

디 아이(The Eye)

슈라이크의 아들 딜란 로즈에 의해 감옥에 간 테디어스가 복수의 칼

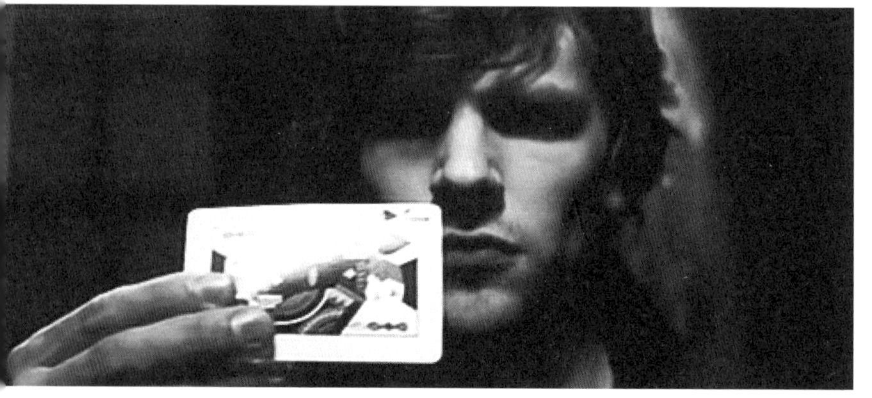

을 갈고 있는 줄 알았으나, 사실은 그가 마술사들의 비밀 결사체 '디 아이'의 실체였다. 아버지 슈라이크도 친구 테디어스와 함께 리더였다는 사실이 밝혀진다.

음모론에 관여하는 사람에게뿐 아니라 일반 사람에게조차 노골적이게 느껴지는 이 조직은 프리메이슨을 연상시키는 데다, 그들이 사용하는 중심 상징 역시 '외눈'이니 영락없는 사탄 찬양의 영화지 싶겠지만, '디 아이' 곧 '눈'에 대한 이해에 주의를 기울일 필요가 있다.

호루스·오시리스의 눈(이집트), 시바 미간의 눈(인도), 부처 미간의 눈(네팔), 손바닥의 눈(중동/아시아)…, 보기에도 흉측한 이들은 일종의 '제3의 눈'으로, 고대에는 태양과 달이 은유하는 탁월한 지혜의 상징으로 전해져 왔다. 태극기에서 음양이 얽힌 태극도 융합된 눈의 발전된 형태로 이해할 수 있다. 태극이 동양적 기호라면 서구에서는 눈이 근·현대적 의미에서 이성의 힘을 상징하는 기호로 발전했다. 미국 지폐에 그려진 피라미드 꼭대기의 눈이 바로 그것이다.

한편 프리메이슨, 곧 석조(masonry)의 기술자를 뜻하는 메이슨(mason)과 자유(free)가 합하여 된 말 프리메이슨(freemason)은 컴퍼

스와 직각자 상징이 의미하는 바 '이성을 통한 해방'을 기치로 삼았다
는 점에서 계몽의 시대정신을 반영한다. 물론 억압의 주된 주체는 (중
세) 교회였다는 점에서 이들은 명백한 이단이다.

그러나 암흑의 시대에 개혁에 성공한 프로테스탄트와 그 곁에

[←]
미국 1달러
지폐 뒷면의
문양에도 '외눈'이
도안되어 있다
(왼쪽 피라미드
위 부분).

서 성공적으로 과학을 잉태하고 출산해 낸 17세기 철학과 동일하게,
맹신(blind faith)에 저항하고 이성을 추앙했다는 점에서는 개혁적이다.
혹자가 레오나르도 다 빈치와 뉴턴 등을 이 서클에 포함시키는 이유
는 그 때문일 것이다. 하지만 그들은 지리멸렬하였다. 귀족 모임이었

제9장 나우 유 씨 미_ 성경을 마술처럼 읽는가, 마술처럼 믿는가?

기 때문이라는 말이 있다.

　이 영화가 동해복수(Lex Talionis)의 형식에서 갑자기 전시안 형식으로 흐른 것은 다음과 같은 용례로 이해될 수 있다.

Ὀφθαγμὸν ἀντὶ ὀφθαγμοῦ(눈은 눈으로, 출 21:24; 마 5:38)

　단수인 대격(對格)과 속격(屬格)으로 구성된 저 문장을 더 명확하게 번역하면 이렇게 옮겨야 맞다.

한 눈에는 한 눈을(An eye for an eye)

　중요한 것은 '한 개의 눈'이지 '눈'이 아니다. 다시 말하면 이 율법이 권장하는 법치는 바로 이것으로, 딱 하나만 손상을 입히라는 안전의 조처였던 것이다. 우리에게 내재된 복수의 힘은 언제나 두 눈에

[←]
컴퍼스와 직각자는 서구 근대 과학/이성주의를 표상한다. 석공을 뜻하는 메이슨(mason)과 자유(free)가 합하여 된 말 프리메이슨은 실제로 이 같은 이성주의의 기치 아래 밀회 성격을 지닌 집단을 형성하기도 했다.

모두 손상을 입히고 싶어 하거나 아예 몰살시키고 싶어 하기 때문이다. 이 무분별한 보복의 금지, 자정 능력, 이것들이 바로 율법의 본질이었던 것이다. '마음껏 복수'가 아니라.

따라서 '디 아이'(The Eye)란 "An eye for an eye"가 갖는 자정의 힘으로 이해할 수 있다. 신자의 경우 '하나님이 지켜보고 있다'고 할 것이고, 신자가 아닌 경우에는 '알 수 없는 눈이 지켜본다'고 할진대, 그 표현의 차이는 전혀 별개의 문제다. 하나님의 눈은 신자라고 해서 적용되고 신자가 아니라고 해서 피해지는 게 아니기 때문이다. 그것은 마치 경제 분야에서 애덤 스미스의 '보이지 않는 손'(invisible hand)이 구현하는 용례와 일반이다.

최고의 마술

슈라이크의 친구 테디어스는 친구의 아들 딜란에게 마술의 비밀을 하나하나 벗겨 내듯 모든 사건의 전말을 설명해 갔다.

아버지 슈크라이크는 숙적이 아니라 자신의 파트너요 친구였다는 사실, 자신은 현실주의자였지만 친구 슈라이크는 이상주의자였다는 사실, 그래서 그 친구가 자신을 증명해 보이기 위해 철 금고에 갇힌 채 깊은 저수지에 빠졌다가 탈출하는 위험한 마술을 감행했던 사실, 그러나 그것을 끝까지 말리지 못했다는 사실 등을 친구의 아들인 딜란에게 하나하나 전한다. 그러면서 그는 자신의 친구 슈라이크가 '디 아이' 최고의 마술사였다는 사실을 고백한다.

테디어스, 성경 이름으로는 다대오이다. 오랜 세월이 흘러 그는 친구의 아들이 지금 눈앞에서 오해의 비늘이 벗겨져 "왜 그때(내가 복

수해서 당신을 감옥에 보낼 때) 모든 진실을 말하지 않았느냐"고 물어오자, "(친구의 죽음에 대한) 수치심, 죄책감, 후회… 때문이었다"고 고백하면서 이제 그동안의 모든 마술 중에서 최고의 마술을 밝히는 것이라며 이렇게 말한다.

미안하다.

미.안.하.다. 이것은 앞서 모세의 동해복수법이 예수님의 산상수훈에서 그 본질이 드러났던 것과 같이, 화목(reconciliation)을 아우르는 만물의 본성에 내재한 사물의 본성에 관한 지당한 표현이 아닐 수 없다. 참된 마술은 현시욕으로서의 쇼(show)가 아니라 그 숨겨진 사물의 본성을 벗겨내 보여 주는(revealed) 폭로, 곧 계시라는 점에서 최고의 마술이기 때문이다. 우리 삶의 관계에서 본질을 밝힐 수 있는 최고의 마술은 '미안하다'는 말인 것이다.

이성주의에 매몰된 삶을 살아가는 우리는 대개 하나님과의 화

해에만 능하고 정작 피해자를 향한 "미안하다"는 말에는 인색하여 우리의 믿음을 사악한 마술로 전락시킨다. 따라서 앞서 프리메이슨을 예시로 살펴보았듯 인본주의(과학주의)라는 마술이 추구하는 신앙이 외눈(전시안)으로서의 '자정력'이 가져다주는 힘의 가치에 대한 신봉이었다면, 일찍이 '동방의 과학자들'의 예방을 받은 바 있는 예수 그리스도는 그 디 아이(the eye) 대목을 이렇게 고쳐 말씀함으로써 궁극적인 본질에 다가서고 있다.

…눈은 눈으로, 이는 이로 갚으라 하였다는 것을 너희가 들었으나 나는 너희에게 이르노니… 누구든지 네 오른편 뺨을 치거든 왼편도 돌려 대며… 속옷을 가지고자 하는 자에게 겉옷까지도 가지게 하며… 이는 하나님이 그 해를 악인과 선인에게 비추시며 비를 의로운 자와 불의한 자에게 내려주심이라(마 5:38-45)

그 해(눈/ the eye)를 의인과 악인에게 비추고 있다 함은, 바로 이

자정력으로서 '비율'이 아니고 무엇인가? '비율'이라는 말을 희랍어로 로고스(λόγος)라 부른다. 우리는 대부분 로고스께서 남기신 이 성경을 마술책으로 여기는 경향이 있다. 그러나 그 마술의 성격이 구체적으로 어떠한가 하는 문제는 전적으로 우리 미간에 있는 눈의 밝기에 달려 있다 해도 과언이 아닐 것이다. 우리의 미간에 저 텍스트를 단단히 붙여 기호와 표로 삼으라고 하나님께서 권고하고 계시기 때문이다(신 6:8; 11:18).

마법사의 이야기 《해리 포터》의 작가 롤링(J. K. Rowling)은 이렇게 말한 적이 있다.

나는 내 책에 나오는 어떠한 종류의 마술도 믿지 않는다. 그러나 당신이 한 권의 좋은 책을 읽었을 때 일어날 수 있는 그 진정한 마술을 나는 굳게 믿는다.

우리는 성경 텍스트를 마술처럼 읽는가? 마술처럼 믿는가?

이념은 피보다 진하지 않다

+ **감독**   이재한

+ **주연**   이정재, 이범수, 리암 니슨, 진세연

+ **개봉일**   2016. 07. 27.

+ **상영시간**   110분

+ **등장인물**   장학수(이정재), 림계진(이범수), 맥아더 장군(리암 니슨),

             한채선(진세연), 서진철(정준호), 최석중(김병옥), 남기성(박철민).

+ **줄거리**   1950년 6월 25일 북한의 기습 남침으로 불과 사흘 만에 서울이 함락되고, 한 달 만에 낙동강 지역을 제외한 한반도 전 지역을 빼앗기게 된 대한민국. 국제연합군 최고사령관 '더글라스 맥아더'(리암 니슨)는 모두의 반대 속에 인천상륙작전을 계획한다. 성공확률 5000:1, 불가능에 가까운 작전. 이를 가능케 하는 것은 단 하나, 인천으로 가는 길이 확보되어야 하는 것뿐이다. 맥아더의 지시로 대북 첩보작전 'X-RAY'에 투입된 해군 첩보부대 대위 '장학수'(이정재)는 북한군으로 위장 잠입해 인천 내 동태를 살피며 정보를 수집하기 시작한다. 하지만 인천 방어사령관 '림계진'(이범수)에 의해 정체가 발각되는 위기에 놓인 가운데 장학수와 그의 부대원들은 전세를 바꿀 단 한 번의 기회, 단 하루의 작전을 위해 인천상륙 함대를 유도하는 위험천만한 임무에 나선다.

이 작품은 2016년 7월 정식 개봉도 하기 전에 시사회에 참석한 언론과 평가단 중심으로 일제히 저평가가 내려졌다가 큰 논란이 일자 다시 재평가가 이루어진 작품이다. 여기서 유념할 것은, 작품의 해석을 논하기 전에 한 작품이 제작되고 평가에 이르는 과정에서 이념에 점용당할 경우 어떤 결과를 빚는지에 대한 경각심이다. 나는 '기록영화'에 대한 비평에는 잘 참여하지 않는 편이지만 〈인천상륙작전〉을 저평가한 언론에서 공통적으로 언급된 주요 문제제기를 먼저 나열하고 그것에 답변하는 형식으로 몇 가지 작시(作詩) 이론을 정리함으로써 성급하고 편향된 평가와 해석에 대한 교훈으로 삼고자 한다. 우선 평론들을 추려서 열거하면 다음과 같다.

○ 사실들의 조합이 반드시 진실은 아니다… 이 영화 전반에 한국전쟁에 대한 편협한 시선과 일부 현실을 외면하는 무책임함이 담겨 있기 때문이다…(〈오마이뉴스〉)

○ 한국전쟁이라는 비극의 역사성을 무시한 채 사건을 선악 구도로 단순화시킨 까닭이다… 영화는 미화와 단순화의 덫에 걸린 나머지 복잡다단한 사건의 섬세한 결을 살려 내지 못했다. 그 중심에 사실에 대한 왜곡이 있다…(〈노컷뉴스〉)

○ 결국 영화에서 맥아더가 휴머니즘을 지닌 인물로 그려진 것은 과장된 표현이다. 그는 오히려 '제일 싫어하는 사람이 평화주의자'라고 공공연하게 말할 정도였다…(〈뉴시스〉)

○ 전형적인 국뽕(무조건적인 애국주의를 비하하는 인터넷 용어) 영화라는 지적이 공감되던데… 한쪽에선 총 대포 맞아 다 죽어가는 와중에 '이상을 좇아야 영혼이 주름지지 않는다' 따위의 대사라니, 리엄

니슨을 비롯해 모든 캐릭터가 평면적…《동아일보》

○ 반세기 건너 상륙할 진실, 감동적일 줄 알았는데… 관중 취향에 영합하려는 의도에서 연극 본래의 예술성보다는 흥행을 위주로 한 연극(신파)…《조선일보》

○ 너무 완벽한 맥아더, 괴물 같은 북한군… '147억짜리 반공영화'… 정작 영화는 화제성에 비해 실망스럽다. 우선 영화의 흐름이 전반적으로 빠르다 못해 성급한 인상이다… 컷이 너무 잘게 나뉘어 인물과 동선을 파악하기 힘들 정도다…《중앙일보》

역사성에 관하여

본래 서사(storytelling)라는 것은 사실들의 조합을 엮어 가기도 하고, 반대로 사실들을 해체시켜 가기도 하면서 전개하기 마련이다. 그것이 얼마나 사실과 같은지를 따지는 것은 서사에 대한 예의가 아니다.

[→]
장학수는 인민군으로 위장하고 적진으로 깊숙이 들어가 '엑스레이'라는 작전을 수행한다. 작전 '엑스레이'는 역사적인 것이다.

[←]
'이념은 피보다 진하다'고 믿는 소련 유학파 공산주의자 임계진과 '이념은 피보다 진하지 않다'는 사실을 몸소 보여주는 장학수. 그는 임계진과 같은 소련 유학파 공산주의자였다.

사실이 중요한 게 아니라, 그 서사가 전달하는 '진실'이 중요하기 때문이다.

선과 악의 구도에 관하여

정통 작시기술(ποιητικῆς)에 따르면, 비극의 기본 구조는 선과 악의 구조로 되어 있는 법이다. 그것은 〈인천상륙작전〉뿐 아니라, 심지어 〈웰컴투 동막골〉에서도 생략되지 않았던 구도다. 왜냐하면 이 구조가 사라지면 극(story)이 성립되지 않기 때문에.

영화 〈인천상륙작전〉에서 제기되는 핵심적인 문제는 선악의 존재나 부재가 아니라, '자기가 선호하는' 선과 악의 주체 문제였을 것이다. 그러나 그와 같은 작시기술에 따르면 악(인)이라는 것은 오로지 하나, 그것은 살인자, 도둑…이 아니라 그 본질에서 이탈된 모든 존재를 일컫는다. "이념이 피보다 진하다"는 공산주의 사상은 당연히 본

질에서 이탈한 악마인 것이다.

신파극에 관하여

장학수(이정재)는 그 시절 이념의 중간계에서 피의 관계로 돌이킨 모든 전향자를 표상하므로, 그에 관한 세부 묘사는 잘못된 작시가 아니다. 또한 전멸한 진지에 홀로 살아남은 소년병이 맥아더를 만나자 "철수하라는 명령을 못 받아 남아 있다"며 끝까지 싸울테니 "총과 실탄을 달라"는 묘사 역시 전장에서 무수히 죽어간 우리의 소년병을 대표하기에 결코 그릇된 작시가 아니다. 특히나, '노예와 주인'의 관계가 꼭 공산당의 권능이 아니고서도 얼마든지 파괴될 수 있다는 진실을 보여준 플롯은 대단히 훌륭한 플롯이다. 신파는 나쁜 방법이라고 생각하는 편견이 도리어 그릇된 것이다.

인천상륙작전 휴머니스트로 등장하는 맥아더에 관하여

맥아더는 자신의 정치적 이해관계의 팩트와는 상관없이, 대한민국 입장에서 볼 때는 국시(國是)인 자유 존립에 관한한 전쟁의 신/구세주였다 해도 과언이 아니다(이 또한 그 시절 자유라는 단일 기치로 우릴 도왔던 모든 이방인의 표상이므로 잘못된 것이 아니다). 수많은 병력을 움직일 수 있었던 것은 그의 권세로 가능했기 때문이다. 그를 악인 내지 광인으로 보는 부류는 딱 둘일 것이다. 본토 미국에서 그의 정적인 백인들, 그리고 북 내지는 북을 추종하는 세력.

빠른 흐름에 관하여

자고로 아리스토텔레스는 말하기를 "플롯은 비극의 영혼이고, 그래서 잘 된 비극은 플롯으로 말하는 것이며, 그 플롯은 시작과 중간과 끝으로 구성돼야 한다"고 했다. 이 영화는 설명을 제한하고 빠른 비트로 플롯을 '팍팍팍' 차고 나간다는 점에서 우려와는 달리 잘된 영화다. 왜냐하면 그렇게 속도가 빨라지는 바람에 '이정재'나 '이범수'나 '정준호'에 대해 감상할 겨를도 없이, 생김새도 알 수 없는 어떤 역사적 인물에게 곧바로 다가갈 수 있는 길을 열어주기 때문이다. 바로 이 실존 인물 임병래 중위다.

▲ 임병래(林炳來, 1922-1950)

1922년 1월 17일 평안남도 용강에서 태어났다. 1941년 평양 숭인상업학교를 졸업하고 해군에 입대하여 1950년 4월 20일 해군 중위로 임관했다. 해군 첩보부대 창설요원으로 해군정보국 창설 당시부터 많은 활동을 하다가 인천상륙작전 특수공작대 조장으로 선발되어 영흥도 첩보전 임무를 완수하고 1950년 9월 14일 전사했다. 미국 정부는 인천상륙작전의 성공에 기여한 그의 공로를 기리고자 1953년 7월 6일 미 은성훈장을 수여했으며, 1954년 1월 4일에는 대한민국 정부도 을지무공훈장을 수여했다.

(출처: 전쟁기념관 인물 정보)

좀비의 기원

+ **감독**	연상호
+ **주연**	공유, 정유미, 마동석, 김수안, 김의성, 최우식, 소희
+ **개봉일**	2016. 07. 20.
+ **상영시간**	118분
+ **등장인물**	석우(공유), 성경(정유미), 상화(마동석), 수안(김수안),
	영국(최우식), 진희(안소희), 용석(김의성).

+ **줄거리**   한적한 시골 도로에서 트럭 하나가 고라니를 들이받는다. 운전자는 내려서 보더니 짐승이 죽어 있는 걸 목격하고는 다시 트럭에 타고서 내뺀다. 그런데 트럭이 떠나고 나자 죽은 고라니는 눈의 흰자위만 드러낸 채 교통사고로 부서진 관절들을 비틀며 다시 살아난다. 이를 시작으로 동물뿐 아니라 인간에게도 이런 증상이 급속도로 번지면서, 영화는 주인공 석우의 삶을 함께 조명한다. 석우는 가정에 실패할 정도로 일에 미친 사람이지만 개미(일반 투자자)들의 돈을 뽑아 먹는 악덕 펀드 매니저로서 작금의 자본주의 시장을 표상한다. 이렇게 번진 정체불명의 바이러스가 전국으로 확산되면서 사랑과 분노의 탈주가 펼쳐진다.

이 영화를 관람하고 돌아와 가장 먼저 한 일은 인터넷 포털 다음 (Daum)이 이 영화의 광고주인지 아니면 투자자인지 자료를 찾아보는 일이었다. 왜냐하면 바이러스에 감염되어 발생한 좀비들의 살육 장면을 반(反)정부 폭력 소요 사태로 둔갑시켜 방송하는 TV뉴스 방송사 이름은 가명을 사용하면서, 사태의 진상을 파악하기 위해 스마트폰으로 인터넷 댓글을 검색하는 장면에서는 'Daum'이라는 포털 실명이 선명하게 클로즈업되는 바람에, 마치 'Daum'이 보다 진실을 밝히는 데 무엇보다 주력하는 조직인 것처럼 비쳤기 때문이다. 이와 같은 클리셰[1]는 관객으로 하여금 좀비들이 정부의 희생자라는 인상을 강제한다. 하지만 '좀비'란 그런 것이 아니다.

[↑]
〈부산행〉은
국내에서 제작된
좀비 영화로는
드물게 흥행에
성공한 영화다.
2016년 첫 1천만
관객을 돌파했다.

제11장 부산행_ 좀비의 기원

좀비란 무엇인가?

좀비(zombie)는 19세기 초 낭만주의 시인 로버트 사우디(Robert South-ey)가 브라질 역사를 다루면서 처음 언급했던 ‘zombi’라는 말에서 영미권 어휘로 들어온 말이다. 이 어휘적 유래에 유념해야 한다. 지리적 유래보다 더 역사적이기 때문이다. 우리나라로의 전래도 지리적이라기보다는 언어 전래에 속한다. 이 문제는 마지막에 다시 다룰 것이다.

좀비가 서구적인 의미에서 미국화된 시기는 20세기 초로 알려졌지만 유럽 쪽에서는 로버트 사우디의 작품 외에도 메리 셸리(Mary Shelley)의 《프랑켄슈타인(Frankenstein)》 같은 완성도 높은 소설이 나오기도 했다(1932). 프랑켄슈타인도 일종의 좀비로 볼 수 있는 것이다.

프랑켄슈타인으로 미루어 볼 때 좀비의 문화적 컨셉은 산업화·기계화에 따른 회의적 인간성에 경종을 울리는 것이겠지만, 20세기를 넘어 21세기에 진입한 후에도 좀비는 사라지지 않고 더 많은 콘텐츠로, 특히 미국발 좀비 영화로 봇물처럼 쏟아져 나왔다. 최근 브레

드 피트가 주연한 영화 〈월드워Z〉도 그중 하나다. 익히 알려진 대로 줌비는 부두교와 관련 있다. 부두교는 본래 샤머니즘 성향의 종교로, 그 시원은 아프리카로 거슬러 올라가지만, 현대적 의미의 부두교는 아이티에서 발생한 것으로 추정하는 것이 일반적이다.

아이티 원주민은 16세기 초까지만 해도 130만 명에 이르렀다고 한다. 그러나 15세기 말 아이티를 점령한 스페인에 의해 노예화되면서 원주민이 10여 년 사이 6만 명 이하로 줄어, 아이티 원주민은 노동에 적합하지 않다는 스페인의 판단에 따라 16세기 초 아프리카 노예들로 대체되고 아이티 원주민은 멸종되어 흔적도 없이 사라진다.

이 대체 노예들이 1629년 경 아이티로 밀고 들어온 프랑스의 지배를 받으면서 그들의 부두교는 가톨릭과 융합되기에 이른다. 당시 부두교가 가톨릭과 잘 융합할 수 있었던 것은 바로 가톨릭의 성물 숭배 때문이었다. 여러 정령을 숭배하는 부두교와 여러 성인의 성물을 기리는 가톨릭이 이들 대체 노예였던 흑인들의 부두교와 잘 맞아떨어진 것이다. 이들의 부두교가 난민과 함께 제2차 세계대전 이후 미국 전역에 퍼졌지만, 흑인 인구가 많은 미국 뉴올리언즈의 부두교는 가톨릭과 결합된 이들의 부두교와는 다른 색채를 보이기도 한다.

　　좀비의 특성은 콘텐츠마다 다르게 표현되지만, 대개 포악한 기질로 변한 불사(不死)의 움직이는 시체로, 어둠 속에서는 보지 못하고 듣기만 한다는 공통점이 있다. 부두교에서 좀비는 사제에 의해 영혼이 뽑혀나간 존재를 일컬었다. 사제에게 영혼이 뽑힌 좀비는 모든 의식 체계를 잃고 명령에만 복종해야 했다. 부두교 자체가 활홀경에 빠지기 위해 더러 마약 같은 약물까지 이용하는 샤머니즘으로 알려져 있지만, 실제로는 사람의 영혼을 뽑아낼 때 약물을 먹이고 두들겨 패서 좀비화시킨다는 사례 보고도 있다. 그래서 부두교 신자는 좀비 자체보다는 좀비가 되는 것을 두려워한다고 한다. 좀비가 되는 것은 이

[←]
인형을 이용해서
주술을 거는 것은
부두교의 주된
특징 중 하나다.

[→]
종래의 좀비 영화가
사적 원한 관계 속에
동인(動因)이
제시되었다면,
영화 〈월드워Z〉는
환경 문제를
심층적으로 다룬
점에서
종말론적이라고
할 수 있다.

기호와 해석의 몽타주

종교에선 일종의 형(刑)이기 때문이다. 이렇게 좀비화 된 자들은 노예로 부리거나 아예 팔기도 했다는데, 중앙아메리카에는 실제 노예 농장이 있었고 아이티가 위치한 히스파니올라 섬 주변에는 최근까지도 성행했다고 한다. 성노예를 포함한다.

현대적 좀비

그러나 영화 〈부산행〉에서와 같이 이제 한국형 좀비까지 등장하기에 이른 21세기에는 좀비를 다르게 정의하는 것 같다. 물리력에 의해 노예를 만드는 것이 강력하게 금지된 불법인 이상, 〈부산행〉에서도 보았듯 바이러스로 은유된 바로 그것은 다른 의미의 감염을 뜻하기 때문이다. 오늘날 영혼이 빠져나간 듯한 감염 행태를 세 가지로 정리하면 다음과 같다.

(1) 생태 환경적 좀비

영화 〈월드워Z〉는 인류 전반에 감염된 포악과 광포를 설득력 있

게 설명한 바 있다. 핵폐기물 내지 원전 사고는 말할 것도 없거니와 대기오염, 수질오염, 그에 따라 조류와 가축에게 발생하는 잦은 전염병의 두려움 속에 살아가는 인간 군상은 숨만 쉴 뿐, 생태계 최상위 계층이 갖는 네페쉬(נֶפֶשׁ)로서 의무감을 상실했기에 좀비라는 형상으로 이해될 수 있다.

세계는 한 개인이나 국가가 선도해서 자정시킬 수 있는 한계치를 넘어, 좀비가 세상을 멸망시키는 게 아니라 실상은 생태와 환경 파괴의 결과가 좀비를 양산한 것이다. 생태와 환경의 파괴는 인간 집단의 이기심, 즉 그들이 만든 사회가 그렇게 만든다. 대표적인 예가 2011년 초 우리나라에서 발생했다. 구제역으로 무려 200만 마리라는 엄청난 규모의 돼지를 살처분한 것이다.(2016년 말에는 조류 인플루엔자로 인해 전국의 닭과 오리 1천만 마리를 살처분했다.) 염소와 사슴 수천 마리까지 포함된 이 대량 학살은 산 채로 땅에 묻어 버리는 형식으로 자행되었다. 엄밀한 의미에서 그 병은 '동물의 병'이라기보다는 '(인간의) 경제 병'이었던 것이다. 영화 〈부산행〉의 시작은 구제역 당시 가축을 잃은 한 축산 농부의 의심과 분노를 담고 있다.

(2) 사회적 좀비

정치·경제를 포함한 오늘날 사회가 안고 있는 가장 큰 난맥상은 모든 체제 자체의 붕괴에 있다. 그것은 개별 국가나 어느 한쪽 체제에 국한된 것이 아니라 말 그대로 세계적인 종말 현상이다.

1980년대 말 동구권의 붕괴를 보고 공산주의의 몰락이라며 박수를 쳤지만 실은 얼마 지나지 않아 자본주의의 위기를 목격하는 지경에 다다르고 말았다. 양자의 체제는 이념이 아닌 자본이었던 것이다(공산당 이론은 《자본론》이 아니었던가). 그리하여 되살아난 신마르크시즘은 성장의 한계를 역설하여 분배를 주창하고 자유주의자들은 여전히 자본 성장의 가능성을 설파하며 사투를 벌이는 실정이다.

영화 〈부산행〉에서의 재앙은 부당한 자본을 작전으로 살려낸 그를 원인균으로 지목한다. 펀드 매니저가 약물을 쓴 적은 없지만, 그에게 자본을 빼앗긴 개미들은 좀비로 투영되고, 펀드 매니저 자신은 개미핥기라는 오명을 입는다.

(3) 종교적 좀비

끝으로 종교적인 좀비화인데, 여기서는 특정 종교를 예시할 수 없다. 앞서 유래에서 살폈듯 '좀비(화)' 자체가 종교적 현상이기 때문이다. '좀비' 자체가 영(혼)이라는 뜻이므로 사제에게 영혼을 강탈당한 모든 신자는 이미 좀비에 다름 아닐 것인데, 그와 같은 이단들이 성행하고 회중에게 먹혀들어가는 이유는 이 같은 좀비 콘텐츠가 성행하는 이유와 맥을 같이 한다. 종교적인 용어로 그런 상황을 '묵시적 상황'이라고 부른다. 묵시 상황(ἀποκάλυφις)이란 한마디로 악이 득세하

여 판을 치는 시대를 이르며, 하나님이 안 계신 것만 같은—왜? 심판이 임하지 않으므로—시대다. 그래서 요한계시록에서는 그렇게 좀비 취급을 받거나 혹은 좀비들이 판을 치는 시대의 연속처럼 묘사되는 것이다. 그 책 제목이 '아포칼립시스(ἀποκλυφις)'이기 때문이다. 정녕 이 시대가 그러한가? '종교 좀비'의 총아인 IS를 보라.

한국식 좀비

좀비를 소재로 한 작품 대부분의 플롯이 그러하지만, 〈부산행〉의 좀비 역시 희생자인 동시에 제거해야 하는 구타의 대상이기도 하다. 좀비는 선량한 희생자인가, 철저하게 제거해야 할 대상인가? 이런 양가적 상황은 경제·문화가 온통 정치 이념에 매몰된 듯한 우리나라에서 유독 심화되고 있는 현상일 것이다.

이를테면 TV를 통해 정보를 얻는 사람은 인터넷 댓글만으로 정보를 얻는 사람을 좀비라 부를 것이고, 반대로 인터넷 댓글을 더 신

[←]
석우는 좀비들과 맞닥뜨리는 이 비극의 여행을 통해 자신의 잃어버린 인간성을 회복해 간다.

뢰하는 사람은 TV나 다른 매체를 인용하는 사람을 벌레로 간주하는 것이 작금의 한국식 묵시의 현상이다. 이 영화가 그런 묵시 현상을 부채질하는 듯 보인다.

왜냐하면 "대규모 폭력사태가 이어지고 있으나 군 병력을 충원하여 국민 여러분을 안전하게 지켜 드리겠으니 안심하셔도 됩니다"라는 이 낯설지 않은 발표를 하는 영화 속 '안행부(안전행정부)'가 대체 어떤 정부의 안행부인지 실명을 소개하지 않기 때문이다(Daum과는 달리). 다만 배경에 이런 글귀를 넣고 있을 뿐이다. '희망의 새 시대'. 좀비가 발생한 그 정부의 국정 표어인 듯하다.

역사적 좀비

끝으로, 역사적 실존으로서 한 좀비(Zombie)에 대해 소개한다. 이상 언급한 지리적 유래나(아이티 따위의) 의미화된 기호보다 더 역사적이라고 한 것은, 이 좀비가 앞서 로버트 사우디의 글에 나오는 인물로서 'zombi'라는 말로 가장 처음 소개했다는 점에서 그 기원이 언어적이기 때문이다(히브리어와 희랍어 원전이 존재함에도 영어 성경이 우리에게 미치는 영향력쯤으로 이해할 수 있다).

사람들은 좀비라는 단어의 유래를 찾으면서 거의 대부분 자료에 나오는 이 낭만주의 시인 로버트 사우디의 작품에 (좀비라는 말이) 처음 기록되기 시작했다는 사실만을 옮겨갔지, 그가 어떤 콘텍스트에서 그 말을 썼는지는 거의 접근하지 않은 듯하다. 어쩌면 그 (백과)사전류들 역시 내용은 간과한 상태에서 기록된 사실만 기재해 갔을 수 있다. 인용의 인용만을 거듭해 온 셈이다. 그 바람에 이 '좀비'에 얽

힌 쟁점은 묻히고 말았다. 단지 흉측한 시체로.

다음 인용 단락은 그가 《브라질 역사(History of Brazil)》라는 세 권으로 된 방대한 역사서를 남기면서 제3권에서 최초로 좀비를 기록했던 바로 그 대목이다. 번역하면 다음과 같다.

…그들의 수는 날로 늘어 자유를 찾는 노예들 그리고 정의로부터 도망친 유색인 남성들로 채워져 갔다. 그렇게 리크루팅 된 그 집단은 여성과의 성 비율이 문제였다. 여성이 필요했던 것이다. 첫 로마인들이 그랬던 것처럼. 그런데 이들 흑인들은 강제로 취하는 것 외에는 여성을 가질 방법이 없었다. 그래서 그들은 침투로를 파고 들어와 흑인 여성들과 혼혈 여성들을 강탈해 갔다.

그리하여 포르투갈인은 자신들의 아내들과 품속에 있던 딸들을 위해 그 원수들이 요구하는 것이 무엇이든 몸값으로 지불해야 했다. 그들의 짧지만 잊히지 않는 역사의 이 실제적이면서도 유일한 기록은 정

[↑]
아빠의 상실한
인간성을 회복할
수 있게 독려하는
역할로서의 딸 수안.

작 그들을 소멸시킨 장본인들로부터 기록되기 마련이다. 그럼에도 그들은 '정의'로 묘사됐고 그들의 운명을 위해, 그리고 그들의 인격을 위해, 존경심 없이는 읽히는 법이 없다.…〔Robert Southey, *History of Brazil* vol 3. (1819), 23〕

이 문맥의 배경에는 브라질 식민지화 과정에서 포르투갈이 쇠락한 틈에 자기들의 자치정부를 세워가는 흑인들의 집단 활동이 있었다. 시인 사우디는 계속해서 그들의 우두머리를 소개한다.

그들(약탈자들)은 한 선출직 우두머리 아래 있었다. 그는 자신의 용기만큼이나 정의롭고 그런 그의 정의를 위해, 그리고 한편으론 종신토록 정권을 거머쥐려고 선출되었다. 그리고 그의 선한 평판을 체험한 모든 사람은 그를 카운셀러로 대했다. 사람들은 완벽한 충성심으로 그에게 복종했다.… 이러한 종교적 기운은 그 복종의 밑거름이었을 것이다. (그) '좀비'를 위해서 말이다. 이 단어는 신성에 붙이는 이름으로서, 앙골라인의 방언이다.
그들은 기도를 흉내내고 십자가를 사용했으며, 그들이 지니고 있는 아프리카 우상·미신을 섞어낸 몇몇 의식을… 고안해냈고, 아울러 그들의 자유에 따른 국가를 세웠다. 심지어 그들은 자기들의 치안을 세워, 도둑·강간·살인 같은 범죄들에 징계까지 했다. 〔*History of Brazil* vol 3. (1819), 23〕

영국 시인으로서 문학적 필치를 가미해 담아낸 이 역사 기록에서 언급하고 있는 좀비(zombi)란, 이 글에서 소개한 그 익명의 '선출

[↑]
브라질의 영웅
줌비 두스
팔마레스(Zumbi
Dos Palmares).

직 우두머리'인 것이다. 납치와 강간을 일삼던 범죄자 집단이면서 나름 법까지 세워 가더라며 시인을 개탄시킨 이 좀비는 도대체 누굴까? 이와 같이 완곡한 필치에 의해 좀비로 규정당하고 있는 그는, 바로 17세기 말 브라질에서 유색인종을 규합하여 (유색인종 입장에서는) 그야말로 영웅으로 추앙받는 실존 인물, 줌비 두스 팔마레스(Zumbi Dos Palmares)였던 것이다. 그의 이름이 바로 줌비(Zumbi)였기 때문이다.

다른 말로 하면 오늘날 우리가 소개받고 있는 좀비는 저 부두교의 시체 처리된 좀비가 아니라, 보다 구체적이고 역사적인 인물, 바로 줌비였던 것이다. 언어 경로는 지리적 경로보다 더 적확한 절대 경로로서 기원을 표지하기 때문이다. 그렇나면 이는 흑인·유색인종이 좀비라는 것인가? 그런 것이 아니다. 좀비가 흑인이었다는 사실은 1차적 기표지만, 로버트 사우디의 언어에 담긴 기의에 따르면 그것은 유색인종이 아니라 '불법'으로 '법'을 세우려는 모든 개인과 집단의 영이 바로 좀비라는 기표의 해석인 것이다. 그럼에도 우리는 우리의 묵시적 현 상황을 판단하기가 여간 어렵지 않다. 서로가 서로를 '불법으로 법을 세우는 자'로 규정하고, 또 그렇게 귀결짓기 위해 마치 좀비와도 같은 콘텐츠들을 끊임없이 양산해 내기 때문이다.

§

초입에 이와 같은 클리셰의 유혹을 떨쳐버리지 못한 영화임에도 〈부산행〉이 휴머니즘으로 끝맺을 수 있었던 것은, 어디까지나 배우들의 연기 덕택일 것이다. 특히 주인공으로 열연한 '공유'는 영혼이 빠져나가는 상황에서, 눈이 멀었지만 진실을 볼 수 있다는 것을 실감나게 연기해주었다. 그것은 마치 눈에 비늘이 씌워진 것과도 같은 우리의 순간들로 갈음할 수 있다(참고: 행 9:1-18). 우리는 누구나 어떤 면에서 보기는 보아도 보지 못하며 듣기는 들어도 듣지 못하는 존재들이 아니겠는가(막 4:12; 마 13:14; 행 28:26; 사 6:9).

예수님의 얼굴보다 중요한 것

+ **감독**	티무르 베크맘베토브
+ **주연**	잭 휴스턴, 토비 케벨, 모건 프리먼, 로드리고 산토로
+ **개봉일**	2016.09.14. 미국
+ **상영시간**	123분
+ **등장인물**	벤허(잭 휴스턴), 일데르임(모건 프리먼), 메살라(토비 켑벨), 예수(로드리고 산토르), 에스더(나자닌 보니아디).

+ **줄거리**   로마 제국 시대, 예루살렘의 귀족 벤허는 로마군 사령관이 되어 돌아온 형제와도 같은 친구 메살라를 반갑게 맞이한다. 그러나 메살라의 배신으로 벤허는 가문의 몰락과 함께 한순간에 모든 것을 잃고 노예로 전락하고 만다. 5년간의 노예 생활 끝에 돌아온 벤허는 복수를 결심하지만, 사랑하는 아내 에스더의 만류로 갈등한다. 이에 간악한 복수가 아닌 진정한 승리를 위해 제국에 맞서 목숨을 건 전차 경주를 준비한다.

〈벤허〉 2016년 리메이크 버전에서 가장 도드라진 변화는 대체로 1959년 판과 달리 예수님 얼굴이 속시원히 등장했다는 점을 꼽는 것 같다. 그러나 영화를 관람하는 내내 뇌리에서 떠나지 않은 것은, 예수님의 얼굴보다는 자막에서 벤허를 부르는 호칭 세 글자, 즉 '왕자님'이다. 아니, 거슬렸다는 표현이 더 맞을 것이다.

'과연 1959년 버전에서도 벤허를 왕자님이라고 불렀던가?' 하는 생각에, 관람 후에도 그 호칭이 계속 머릿속에서 떠나질 않았다. 왜냐하면 당대 로열패밀리라고 하면 두 종류로 나뉠 수 있는데, 하나는 헤롯의 일가고, 쓸 만한 다른 하나는 보다 선대에 속해 있었기 때문이다.

이 글에서는 영화 〈벤허〉의 배경인 유대인 계급 사회의 뿌리와 실제 배경의 역사에 대해 알아봄으로써, 영상으로서 〈벤허〉의 핵심 기호로 등장하는 예수 그리스도의 '볼 수 있는 얼굴'과 '볼 수 없는 얼굴'이 갖는 현전(theophany)의 의미를 드러내고자 한다.

헬라화

유럽화하다(Europeanize), 미국화하다(Americanize), 일본화하다(japanize)… 라고 영어로 쓸 때, 공통적으로 들어가는 어미가 있다. '-ize'인데, 이 어미의 유래는 희랍어 -ίζειν로, '앉다'는 뜻의 ἵζω에서 왔거나 '생계'를 뜻하는 ζειν 또는 ζάω(사는 것)에서 비롯된 말이다. 이를테면 사도행전 6장 1절에 히브리파에 대항하는 '헬라파'라는 말이 나오는데, 이때 헬라파로 번역된 '헬레니스테스(Ἑλληνιστής)'는 '헬레니제인(Ἑλληνίζειν)'에서 온 것으로, '헬라화'한 유대인을 뜻하는 말이다.

유대인들은 역사적으로 두 차례에 걸쳐 '헬라화'를 당하게 된다. 첫 번째는 알렉산더와 그의 부하들에 의해, 두 번째는 로마 제국에 의해 이루어졌다.

페르시아의 왕 다리오가 마케도니아 출신 그리스 사람 알렉산더를 애송이라고 얕잡아 봤다가 대파당한 후 벌금까지 물게 되면서 알렉산더는 세계 패권에 도전하는데, 이것이 첫 단계 헬라화의 시작이다. 그러나 323년 그가 갑자기 죽자 그의 네 부하들이 땅을 나누어 차지하면서 팔레스타인 땅의 헬라화는 본격화되었다.

1단계 헬라화

유대인들이 맞닥뜨리게 된 지배자는 셀류코스였다. 알렉산더 생전 네 명의 장수 중 하나인 프톨레미의 부하였던 인물이다. 그는 프톨레미의 후광으로 바벨론과 코일레 시리아 북부를 차지함으로써 유대인 통치를 시작했다.

일부 유대인은 셀류코스 왕조를 반겨 맞았다. 통치 초기에 토라를 유대인의 법으로 인정하고 자치권을 부여했을 뿐 아니라, 세금

[←]
1959년작
〈벤허〉의 포스터.

을 3년이나 유예해 주었고 그 후에는 모든 종류의 세금에서 3분의 1을 감면해 주되, 특히 성전에서 일하는 사람에게 면세 혜택을 주었기 때문이다.

이 분위기가 깨진 것은 안티오코스 4세라는 인물이 들어서면서였다. 스스로 '신의 현현(에피파네스)'이라고 참칭한 그는 자신의 영토 내 헬라화에 제일 큰 방해 요인인 유대교의 정체성을 아예 없애버리기로 한 것이다. 당시 '헬라화'라는 것은 일종의 '문화화'로 여겨졌는데, 이 문화화라는 이름으로 히브리어 성경 필사본들은 불태워졌으며, 돼지고기를 거부하는 율법사는 맞아죽는 일도 생겼다.

이런 일이 발생하면서 유대인은 크게 두 부류로 나뉘었다. 하나는 헬라 문화를 받아들여 세계와의 교역을 적극 시도하는가 하면 헬라의 오락도 기꺼이 즐기는 친(親)헬라파 세력, 그리고 다른 하나는 모든 헬라적인 것을 타파하고 헬라 통치자들과의 타협을 철저히 거부하는 세력이었다. 이런 와중에 안티오코스 에피파네스가 성전을 모독하는 사건이 벌어졌는데, 이제 유대인에게 주어진 유일한 길은 항쟁 말고는 다른 길이 없었다. 이 항쟁을 마카비 항쟁이라 부른다.

안티오코스가 보낸 사절단이 당도해 유대인들로 하여금 헬라의 신들에게 제사를 바칠 것을 명령했는데, 어떤 유대인이 제사를 거행하자 하스모니아 가문 중 일원인 맛다디아가 그 유대인을 제단 위에서 칼로 죽이고 사절단도 살해한 것이 발단이 되었다. 장본인 맛다디아는 다음 해에 죽었지만, 그 군대는 해산되지 않고 그의 아들 중 가장 용맹스러운 셋째 아들 마카비가 지휘관이 되고 유대교 경건주의자(하시딤)들도 합류하면서, 단순한 저항을 넘어 안티오코스 군대에 의외의 승전을 거두어 갔다. 거듭되는 승전으로 기세가 오른 유대

인이 아라크 요새만 빼고 예루살렘을 수복해 낸 것이다.

　이 마카비 항쟁이 발발한 것은 예수님이 오시기 167년 전의 일이며, 예루살렘을 수복하여 성전 정화를 한 것은 마카비가 힘겹게 싸운 지 3년 뒤에 이룬 성과였다. 마카비라는 말은 '망치'라는 뜻으로 그의 별명이고, 마카비의 본명은 바로 유다였다. 그런데 유다는 항쟁이 일어난 지 7년 만에 벳 호른 전투에서 전사한다. 그리고 마카비

기호와 해석의 몽타주

유다의 뒤를 이은 것이 그의 막내 동생 요나단이다. 그는 셋째 형 유다 못지않은 유능하고 현명한 지휘관이 되었다.

요나단은 안티오코스 가문(셀류코스 왕조)이 내부 정쟁에 빠진 것을 이용하여, 라이벌 관계인 측과 동시에 조약을 맺는 등 정치력을 발휘하여 양쪽 사이에서 줄을 탔다. 그리하여 그들로 하여금 도리어 경쟁적으로 유대와 화친하게 만들었다. 이 과정에서 예루살렘 성전 접경에 있는 시리아 주둔군을 자진 철수시켰을 뿐만 아니라, 안티오코스 4세의 아들 알렉산드로스 발라스로부터 대사제직을 부여받는가 하면, 시리아 지방장관으로까지 공식 임명을 받는다. 이것이 하스모니아 가문이 대사제직을 이어받게 된 유래다.

그러나 이와 같이 시리아 권력 내부의 캐스팅보드 역할을 하던 요나단은 안티오코스 6세의 섭정을 하던 디오도로스 트리폰에게 살해당한다. 그러자 맛다디아의 아들들 가운데 유일한 생존자였던 시몬이 요나단의 뒤를 이어받았다. 시몬은 형제 요나단을 살해한 트리폰을 배제하고 트리폰의 정적 데케트리오스 2세 니카토르를 돕겠다고 나서서 일방적으로 시리아의 합법적 왕으로 선언해 버린다. 그에 대한 감사의 화답으로 유대는 완전 면세의 특혜를 받아 낸다.

이것이 의미하는 바는 유대인들이 비로소 정치적으로 완전히 독립했으며, 종교적으로는 이방인의 모든 굴레를 벗어버렸다는 것이었다. 유대교 역사상 유례가 없는 자주 독립이며, 이것이 바로 하스모니아 왕조의 출발이다. 하스모니아는 이 형제들의 아버지인 맛다디아의 증조부 이름이다.

2단계 헬라화

이같이 1단계 헬라화가 끝나고 2단계 헬라화가 시작되는 것은 카르타고에서 승리하여 패권을 거머쥔 로마의 통치가 시작되면서다. 이 과정에서 하스모니아 왕조는 안티고누스를 마지막으로 헤롯이라는 인물에게 넘어간다. 당시 로마통이던 헤롯은 로마 사람들의 지지 가운데 로마 군대의 도움으로 예루살렘을 장악하여 마지막 왕 안티고누스를 처형하는 한편, 왕족의 정통성을 입기 위하여 공주 마리암네와 혼인하는 이중성을 보였다.

성경을 처음 접하는 초신자들은 신약성서를 읽을 때 왕 같기도 하고 영주 같기도 한 인물들이 여기저기 소개되어 헷갈리기 십상인데, 이것이 성경에 등장하는 '분봉왕'이라는 제도의 유래다. 헤롯은 그 지위를 차지하고 나서 권력 유지를 위한 방편으로 실적을 내려고 열을 올렸는데, 대형 건축 사업이 대표적인 예다.

이스라엘 역사상 가장 아름답고 큰 성전을 유대인에게 선사했는데, 솔로몬이나 스룹바벨이 지은 것보다 훨씬 규모가 큰 이 성전의 부속 건물에는 제국 군주의 이름을 붙여 영광을 돌렸으며, 특히 헬라 양식을 선호했다. 사람 이름도 외국식 이름을 선호했다. 이전 성전들이 오로지 제사 목적으로 설계되었다면, 헤롯이 건축한 성전은 일반인이 활용할 공간을 설계에 넣어 제의적인 기능 외에 교육 등 다양한 용도로 활용했다. 물론 그 비용부담은 제국의 재정이나 헤롯의 사재(私財)가 아닌 유대인의 세금으로 돌려졌다. 이것이 2단계 헬라화의 주된 흐름이다.

이 글에서는 제1단계 헬라화 과정에 더 비중을 두고 2단계 헬라화는 간략한 언급에 그치고 있지만, 이 두 번째 단계 헬라화가 이전 단계보다 얼마나 더 혹독하고 참혹한 것이었는지는 헤롯이라는 인물의 포악함과 잔인함이 대변한다.

헤롯은 첫 부인 도리스에게서 난 안티파테르, 마리암네 1세에

[←]
〈벤허〉의 가장
오랜 필름 포스터
(1925년 작).

게서 난 알렉산드로스와 아리스토불로스 등 자식들을 모두 모반 혐의로 처형할 정도였는데, 성경에서는 2세 이하 아기를 모두 죽인 그의 영아 살해 이야기로 그 잔인성을 담아내고 있다. 그것은 단순한 메시야 탄생 담론이 아니라 당시 헬라화 과정이 얼마나 혹독하였는지 보여 주는 대목인데, 그래서인지 이 2단계 헬라화 과정에 가장 많은 메시야들이 출현하기도 했다. 예수 그리스도께서도 그 대열의 하

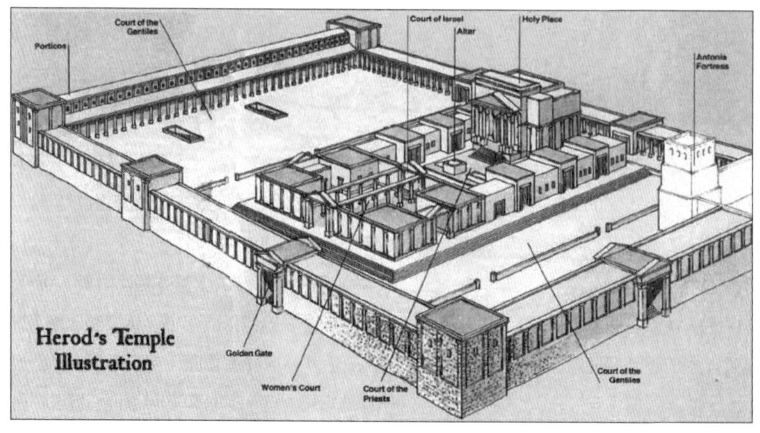

[←]
헤롯 성전 조감도.
유대인 역사상
세 번째 성전에
해당하는 이 성전이
역사적으로 가장
화려하고 웅장했으며,
대중적 구조를
자랑했다.

기호와 해석의 몽타주

나로 끼어 우리 곁에 오신 셈이다.

이 과정에서 바리새파, 사두개파, 젤롯(열심당), 시카리(자객)와 같은 정파도 양생된 것으로 보면 무리가 없다. 그렇다면 '왕자'로 불린 이 영화의 주인공 '유다 벤허'는 어떤 로열 패밀리였을까?

두 종류 왕자들

한낱 유대인이 '왕자'라고 불리게 될 만한 경로와 배경이라 할 것 같으면 위와 같은 과정 가운데 하나가 전부일 텐데, 과연 유다 벤허는 어느 줄기의 왕자란 말인가? 여기서 우리는 동시대의 두 종류 왕자를 떠올릴 수 있다. 하나는 맛다디아의 아들들과 같은 왕자다. 다른 하나는 헤롯 또는 헤롯의 아들들과 같은 왕자다.

먼저 후자에 대해서는 비록 압제자였지만 로마의 위대한 황제 아우구스투스의 말을 빌리면 더할 나위 없는 설명이 될 것이다. 아우구스투스는 자기 아들조차 해하는 헤롯의 잔학함을 두고 이르기를, "헤롯의 아들이 되느니 차라리 그의 돼지가 되는 것이 더 안전하겠다"는 말을 남겼다고 한다. 이스라엘 사람이 돼지고기를 못 먹는 데 빗댄 말일 것이다. 이와 같은 헤롯 가문에 비하면 전자인 맛다디아 가문은 모든 아들이 민족을 위해 목숨을 잃었을 정도로 유대인들에게 은혜를 입힌 가문임에 틀림없다.

그런데 더 중요한 사실이 하나 더 있다. 맛다디아 가문은 헤롯 가문과 마찬가지로 '왕'이 되기에는 큰 결함이 있었다는 것이다. 그 결격 사유는 바로 '예언 속의 왕가'(the Royal Family of Prophecy)가 아니라는 점이다. 그렇지만 맛다디아 가문의 경우 당대 정치·종교 지도자를 막론하고 유대인 누구도 다음 말에 이의 없이 동의했다고 한다.

> 진정한 예언자가 나타날 때까지 우리는 시몬을 영구적인 영도자, 대사
> 제로 삼는다. 시몬은 유다 국민을 다스리는 통치자가 되어 성전을 관
> 리하고 온 국민의 활동을 감독하며 나라와 무기와 요새를 장악할 것
> 이다. 온 국민은 시몬에게 복종해야 한다. 나라의 모든 문서는 시몬의
> 이름으로 처결되어야 한다. 시몬은 자색 왕복을 입고 황금 장식물로
> 단장할 권한이 있다. 국민이나 사제 중 어느 누구도 이 결정의 어느 하
> 나 무효로 만들 수 없으며, 시몬의 동의 없이 나라에서 어떠한 회의도
> 소집할 수 없고 자색 왕복을 입을 수도 없다(마카베오 상 14:41-43).

이것이 시사하는 바는 크다. 맛다디아 가문의 왕자들은 성경에
단 한 줄도 등장하지 못했지만 그리스도께서 오시기까지 그의 백성
을 보호하고 수호하는 책임을 다했고, 헤롯과 헤롯의 아들들은 명실

[←]
전차 경주의 절정.
경주에서 패배한
벤허의 옛 친구
메살라는 1959년
버전에서는 원수로
생을 마감하지만
2016년 작에서는
극적인 화해를
이룬다.

[→]
2016년 리메이크
버전에서는 전차
신을 좀더
실감나게 구성했다.

상부 성경에 기록된 가문이지만, 아니 기록된 만도 못한 가문이 되고 말았다는 사실이다.

§

1960년대 〈벤허〉에는 예수님의 얼굴이 등장하지 않는다. 거의 벤허의 사적 복수 이야기로 기억된다. 반면 2016년 〈벤허〉에는 예수님의 얼굴뿐 아니라 예수님의 가르침이 상당량의 플롯을 차지한다. 그러나 예수님의 얼굴이나 가르침이 직접 기록으로 나타난다 해서 구속사가 더 잘 묘사되는 것은 아니라는 사실이 이번 리메이크 작품에서 입증됐다. 그것은 맛다디아 가문의 왕자들이 성경에서 얼굴을 드러내지 않았다 해서 그들의 얼굴들이 사라진 것은 아닌 것과도 같은 기호의 원리다.

이런 식으로 우리 삶의 역사와 하나님의 구속사는 각각 얼굴을 가려 가면서 지금도 전개되어 가는 게 아니겠는가. 참고로, 원저자인

[↑]
원작을 포함한 〈벤허〉의 모든 버전에서 백미는
유다 벤허의 워터 신, 곧 예수님으로부터
물을 공급받는 장면과 그 예수님의 모습을
어떻게 묘사하느냐다.

기호와 해석의 몽타주

루 월레스(Lew Wallace)는 살아생전 자신의 작품에서 "예수님의 얼굴을 보이지 않게 하라"고 했다 한다.

아버지께서 내 안에, 모노게네스

+ **감독**　　　　　윤제균

+ **주연**　　　　　황정민, 김윤진, 오달수

+ **개봉일**　　　　2014. 12. 17.

+ **상영시간**　　　126분

+ **등장인물**　　　윤덕수(황정민), 오영자(김윤진), 천달구(오달수),

　　　　　　　　　윤진규(정진영), 박길례(장영남), 윤꽃분(라미란), 윤끝순(김슬기).

+ **줄거리**　　　　1950년 6·25전쟁 당시 덕수의 가족은 남쪽으로 향하는 피란 행렬에 합류한다. 그러나 배를 타는 과정에서 손을 놓쳐 잃어버린 막내 여동생을 찾기 위해 아버지는 어린 덕수에게 가족을 맡기고는 홀로 북녘 땅에 남는다. 덕수는 부산 국제시장 수입 잡화점에서 일하면서 가족의 생계를 꾸려 가다가 동생이 대학에 입학하자 등록금 마련을 위해 독일 광부로 취업을 나간다. 아버지의 마지막 당부였던 '가족을 지켜야 한다'는 약속을 지키기 위해 자신의 꿈을 접고 파독 광부로 갔다가 돌아온 덕수는 이번에는 가족의 생계의 터전을 마련하기 위해 다시 한 번 자신의 꿈을 접고 베트남으로 향한다.

우선 무엇보다 이 영화에 대한 국내 젊은 문화 평론가들의 평가와 실제 관객의 평가 사이에 발생한 극단의 괴리감을 주목할 필요가 있다. 이 영화가 지닌 기호와 상징이 그 괴리감을 통해 더욱 뚜렷하게 드러나고 있기 때문이다.

극단의 평가에서 나타난 기호와 상징

그 괴리감에 따른 이질감 자체는 이 영상이 자신을 기호로 드러내려는 상징에 대한 일종의 폭로로서의 기능에 수용 당한다. 독자의 반응이 극명하게 갈리면 대개 한쪽 편이 다른 한쪽 편의 해석에 수용당하기 마련이기 때문이다. 우선 이 작품에는 일단의 평론가들에 의해 폭력이 가해졌는데, 그에 맞서 상반된 독자 반응이 영화를 본 관객의 호응으로 해석학적 역류를 일으키고 만 것이다.

관객 수로만 집약된 독자 반응이 아직 텅 빈 텍스트 기호 상태에 해당한다면, 평론가들의 선행된 텍스트는 다음과 같은 폭력적인 텍스트로 이루어졌다.

> …인터스텔라 보러 갔다가 표가 없어 '국제시장'을 봤는데, 태산명동(泰山鳴動)에 서일필(鼠一匹)이라고, 그냥 그럭저럭 얼추 꼴을 갖춘 신파더군요. 그걸 보고 웬 난리들인지…(중략)…산업화 시대의 '아버지'라는 신체가 어떻게 만들어졌느냐. 나름 진지하게 다룰 가치가 있는 주제인데, 감독은 정면승부 대신 (우리 세대라면 자라면서 지겹게 들었을) 이야기를 썰렁한 개그와 싸구려 신파로 재포장해 내놓는 길을 택한 듯…(중략)…그거 보고 감동을 먹었다면, 그걸로 된 거고, 그거 보

고 역겨웠다면, 그걸로 된 거고. 문제는 영화에 대한 평가에서까지 국론통일이 이뤄져야 한다고 믿는 일부 모지리들의 70년대 멘탈리티겠죠."_진중권 동양대 교수[1]

…머리를 잘 썼어. 어른 세대가 공동의 반성이 없는 게… 〈국제시장〉을 보면 아예 대놓고 "이 고생을 우리 후손이 아니고 우리가 해서 다행이다"라는 식이거든요. 정말 토가 나온다는 거예요. 정신 승리하는 사회라는 게.[2]

더 이상 아무것도 책임지지 않는 시니어들의 문제가 다루어져야 마땅한 시점에 아버지 세대의 희생을 강조하는 〈국제시장〉의 등장은 반동으로밖에 보이지 않는다. 스코어에 따라 우리가 과연 얼마나 괴물 같은 시대를 관통하고 있는지 나눌 이야기가 많아지겠다._허지웅[3]

[←]
평론가 허지웅은
〈국제시장〉을
"더 이상 아무것도
책임지지 않는
시니어들의 문제가
다루어져야 마땅한
시점에 아버지 세대의
희생을 강조하는
영화"로 규정했다가
사과한 바 있다.

이 같은 평론이 있고 난 뒤, 관객 수가 예상 밖으로 천만 명을 훌쩍 넘어서자 이들 평론가 중 한 사람은 아예 자신의 평론에 대해 사과까지 한 것이다.[4]

과연 비평이란 철회 가능한 어떤 것인가? 평론이나 비평은 모두 일단의 해석이다. 작품에 해석을 가했을 때 그것이 철회 가능한 어떤 것으로 전락해 있다면 그것은 해석이라기보다는 (해석가 자기의/자기에 대한) 설명이었을 뿐임을 드러낸다. 이 같은 무책임한 해석 행위가 영화 〈국제시장〉뿐 아니라 근간의 영상 제작과 비평 현장에서 빈번하게 벌어지는 실정이다.

그렇기에 이와 같이 해석다운 해석에 미치지 못하는 비평과 평론들은 〈국제시장〉과 같은 이야기가 지닌 구도 자체, 즉 이념의 격랑을 실체로 겪은 우리 사회가 지닌 감정의 연장선상에서 도리어 해석의 대상이 되고 마는 것이다. 이 장에서는 비평가들이 비평가로서의 지위를 점용당해 해석의 대상이 되고 만 것처럼, 앞서 제7장에서는 영화 〈곡성〉의 제작자가 같은 방식으로 해석의 대상으로 역류(reversing the hermeneutical flow)를 일으키고 말았다.

이런 연유에서 비평가와 독자의 반응 사이에서 발생하는 극단의 괴리감에는 그 영상의 기호와 상징이 더 강렬하게 일어난다고 했던 것이다. 여기서 그 기호와 상징이란 바로 '아버지'이다.

아버지인가, 아들인가?

6·25사변이 일어나고 6개월이 흐른 시점에서 크리스마스 날 단행된 흥남 철수의 피난민 당사자인 덕수 가족은 이산가족이기도 하다. 흥

남 부두의 혼란 속에서 덕수는 여동생 막순이를 잃어버리는데, 배에 올라타고 나서야 여동생을 잃어버린 사실을 알게 된다. 끝내 아버지는 피난선에서 내려야만 했다.

아버지와의 마지막 헤어짐은 덕수에게는 참으로 비장한 것이었다. 그 눈물겨운 헤어짐 속에서 아버지는 어린 덕수의 눈을 맞추며 자기를 대신한 가장으로서의 역할을 위임했는데, 그때의 아버지의 얼굴을 덕수는 한시도 잊은 적이 없다. 그래서인지 그 시점의 덕수는 어린 나이였기에 실제로 가정을 이끄는 역할은 어머니의 몫일 것임에도, 아버지를 대신한 어린 덕수의 헌신은 어머니 곁 아버지의 빈자리를 감당하기에 충분했다. 이 같은 어린 시절 아버지와의 약속이 청년이 되어서도 그를 지탱해 주었기 때문이다.

하지만 그러면 그럴수록 감당하기 어려운 삶의 무게가 그에게 들이닥쳤다. 대학에 들어가고 싶은 마음에 검정고시를 준비할 정도의 열의가 있었으나 자기보다 더 공부에 재능을 보이는 동생을 위해 포기하고 파독(派獨) 광부로 떠나야 했고, 독일에서 돌아온 후에는 쉴 겨를도 없이 여동생의 결혼을 걱정해야 했는데, 무엇보다 가족의 생활 터전인 상점 '꽃분이네'를 인수하기 위해 또다시 전쟁터인 베트남으로 향해야 했다. 이같이 연속되는 희생은 자신의 의지에서 비롯했다기보다는 언제나 아버지의 대리자로서 임한다는 점에서 덕수 자신은 아버지 상(像)을 표상한다.

이와 같은 덕수의 아버지상에 대비되는 표상들이 다름 아닌 앞서 평론가들의 폭력적인 텍스트에서 제시되었다. "산업화 시대의 '아버지'라는 신체가 어떻게 만들어졌느냐"라든지, "더 이상 아무것도 책임지지 않는 시니어들의 문제가 다루어져야 마땅한 시점에 아버지 세대의 희생을 강조했다"는 평가는 일단의 아버지 없는 세대의 아버지상에 상응한 것이기 때문이다.

한 사회 집단에 공존하는 이 같은 두 극단의 아버지상을 일찍이 프로이트가 양가적인(Ambivalent) 것이라고 정의한 점을 떠올릴 때, 이 영화를 놓고 벌어진 이 사회의 양가적인 반응은 이 영화의 일차적 상징이 '아버지'였음을 다시 한 번 강조하면서도 또 하나의 상징을 표지한다.

평론가들의 반응이 프로이트가 소추한바 '아버지상 파괴'에 충실했다면, 독자로서 관객의 반응은 아버지의 위임에 따라 아버지 역을 충실히 해낸 아들 덕수 편에 서서 관객 자신들로 하여금 '아버지'의 재현을 꾀하도록 만든 점에서 또 하나의 상징은 '아들'의 상(像)이다.

이로써 우리는 이 영상 속에서 아버지상과 아들의 상은 언제나 서로 겹쳐 보인다는 사실에 다다랐다. 아버지란 아버지인가 아들인가? 반면 아들은 아들인가 아버지인가? 왜냐하면 양자는 분리해서는 존재할 수 없기에 한 마디로 "아버지께서 내 안에, 내가 아버지 안에"인 셈이기 때문이다.

아버지께서 내 안에

"아버지께서 내 안에, 내가 아버지 안에"라는 말은 성서 가운데 요한의 문헌에서의 중요한 술어다.[5] 특히 그것은 같은 문헌에 수록된 '모노게네스(μονογενής)'라는 용어와 연동하여 아버지와 아들이 겹쳐 보이는 이 도상에 관한 충실한 해석을 가져온다. '모노게네스'는 우리말 성서에서 대개 '독생자'라고 번역되어 있다.

> 말씀이 육신이 되어 우리 가운데 거하시매 우리가 그의 영광을 보니 아버지의 독생자의 영광이요 은혜와 진리가 충만하더라 (요 1:14)

> 하나님이 세상을 이처럼 사랑하사 독생자를 주셨으니 이는 그를 믿는 자마다 멸망하지 않고 영생을 얻게 하려 하심이라 (요 3:16)

> 그를 믿는 자는 심판을 받지 아니하는 것이요 믿지 아니하는 자는 하나님의 독생자의 이름을 믿지 아니하므로 벌써 심판을 받은 것이니라 (요 3:16)

> 하나님의 사랑이 우리에게 이렇게 나타난 바 되었으니 하나님이 자기의 독생자를 세상에 보내심은 그로 말미암아 우리를 살리려 하심이라 (요일 4:9)

[→]
덕수는 피난길에 동생을 잃어버리고 만다. 그 바람에 아버지와도 영원히 헤어진다. 이후 덕수는 아버지로부터 위임받은 가장의 역할을 완수함으로써 아버지 상을 완성해 낸다.

[→]
영화에서 아버지 배역은 일찍 사라졌지만 덕수 내면에서 끊임없이 역동하는 아버지는 덕수를 통해 현존해 계신 것만 같다.

그러나 독생자라는 말은 엄밀한 의미에서 그릇된 번역이다. '독자' 또는 '외아들'을 연상시키는 이 말은 '모노게네스'를 번역하는 과정에 영미권에서 'only begotten'[6]으로 번역할 수밖에 없는 한계에서 비롯한 것으로, 사실상 오역에 가깝다.

'아들' 또는 'Son'은 다 의역에서 나온 표현이다. 모노게네스는 결코 'only begotten'(자식을 보다)의 어원이 될 수 없다.

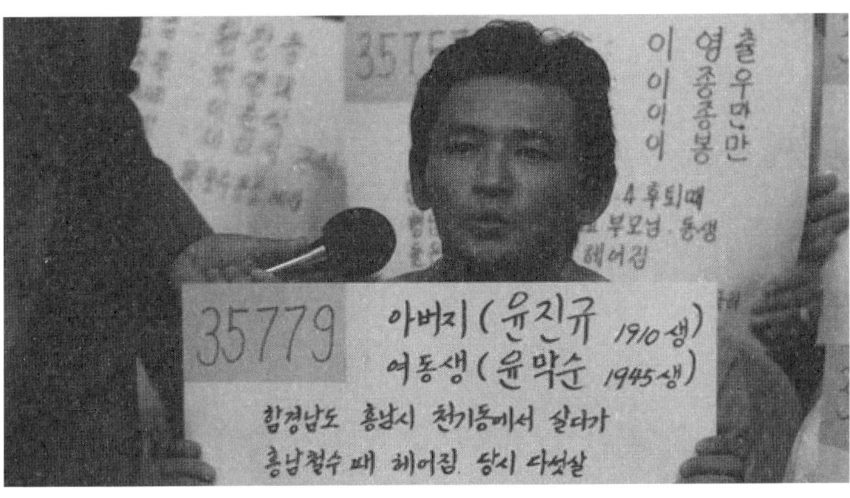

μονογενούς παρά πατρός

모노게누스 파라 파트로스(요 1:14)

위 본문대로 하면 그것은 단지 "아버지로부터 독생한 '어떤 것'"
이다. 따라서 그것은 서열 2위로서 어떤 존재(아들 등의)가 아니라 도리
어 유일한(only/unique) 것에 해당한다. 그러면 이 유일한 '그것'은 대
체 무엇인가?

그것은 마치 어느새 〈국제시장〉에서 잔뼈가 굵어 아버지 나이
를 훌쩍 넘겨버린 덕수 아저씨에게로 옮아가 버리고 만 아버지의 자
아와도 같은 것이다. 덕수 아저씨로 하여금 아버지 흉내를 내게 만든
바로 그것이다.

아버지 흉내는 큰 재산을 물려받은 사람들만 흉내 낼 수 있는
게 아니다. 덕수 아저씨는 무거운 짐만 물려받았는데도 자기 아버지
흉내를 낸다. 그것은 큰 재산을 물려받은 사람들의 흉내보다 참되다.
그는 '아버지처럼' 가족을 지키고 생존시키지 않으면 안 된다. 그는

자꾸만 희생하고자 하는 본성이 솟구친다. 희생하지 않고는 도저히 배겨날 수 없었던 것이다. 아버지처럼.

그는 그렇게 아버지를 '보여 주는 자'이다. 왜냐하면 그는 '아버지로부터 온 모노게네스'(요 1:14)이기 때문이다. 이와 마찬가지로, 요한복음의 예수는 예수대로 어떤 '외아들'이 아니라 바로 그 자체로서 모노게네스이다. 유일하게 아버지를 보여 주는 자이다. 하나님을 본 사람이 없는데 아버지 품속에 있는 그 유일한(모노게네스) 하나님을 보여주는 것이다.(요 1:18) 어떻게?

바로 덕수 아저씨처럼 (아버지께서 맡긴 자를 지키기 위해) 희생한다. 희생하지 않고는 도저히 배겨날 수 없었던 것이다. 왜냐하면 그는 '아버지로부터 온 모노게네스'(요 1:14)이기 때문이다.

> 이는 아버지께서 내게 주신 자 중에서 하나도 잃지 아니하였삽나이다
> 하신 말씀을 응하게 하려 함이러라 (요 18:9)

이것은 우리에게도 내재된 가족을 지키려는 희생의 본성과 맥을 같이한다. 이는 덕수 아저씨처럼 물려받은 재산은커녕 아버지의 빚만 대신 짊어졌더라도 그 일을 훌륭하게 해낼 수 있는 우리의 생래적인 자질이다. 왜냐하면 아버지의 본성 곧 모노게네스를 타고났기 때문이다.

이는 하나님 아버지와 그리스도께서 사람의 흉내를 낸 것이 아니라, 사람이 그 분(들)의 형상(likeness)대로 지어진 '기원'에도 맥이 닿는 것이다. 다시 말하면 이와 같은 '기원'으로서의 아버지와 아들이 중첩되는 본질의 개념은 그것이 단지 '독자', '외아들', '장남', 혹은

'남자'이기 때문이 아니라 바로 모노게네스 자신이기 때문에 가능하다. 이런 자만이 그 '아버지의 본성을 보여주는 자'인 것이다(요 14:9).

내가 아버지 안에

이와 같은 삶의 무게를 견디면서 덕수 아저씨가 '아버지를 보여 주는 자'였다면, 인생의 종착역에 다다를 즈음의 덕수 아저씨는 아버지 안에 있는 자기 자신을 발견한다. 비로소 내 안에서 아버지의 목소리를 듣게 되기 때문이다.

가게를 팔아 버리라는 가족들의 성화에도 그동안 덕수 아저씨가 고단한 몸을 이끌고 끝까지 국제시장 '꽃분이네'를 떠나지 않으려했던 까닭은 단 하나, 바로 아버지께서 반드시 돌아오겠다고 하신 그 어린 시절 흥남부두에서의 약속 하나 때문이다. 아버지께서 돌아오실 때는 '꽃분이네'로 오신다고 했던 것이다.

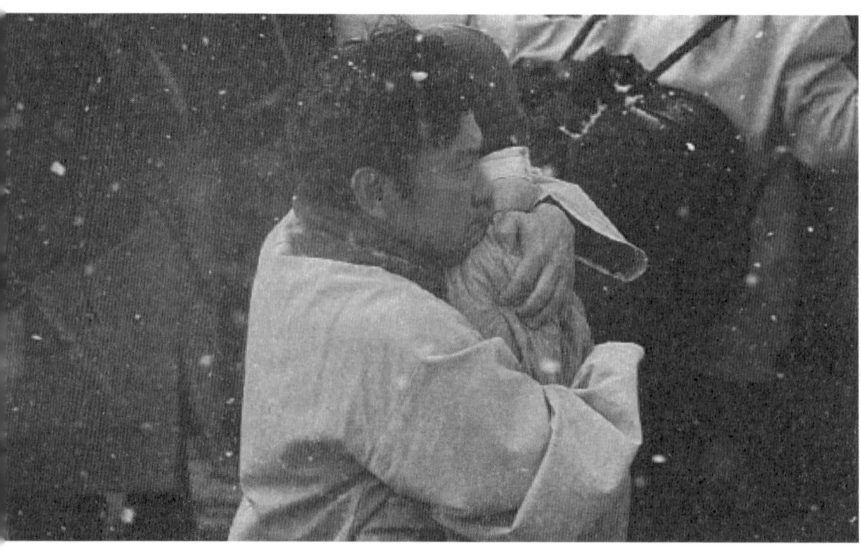

[←]
덕수는 한시도
아버지를 잊은
적이 없다.

그러나 방 안에 걸어둔 아버지의 얼굴보다 훨씬 나이가 든 덕수 아저씨는 마침내 '꽃분이네'를 팔기로 함으로써 그동안 짊어졌던 모든 짐과 이별을 고한다. 그때 방에 걸린 사진 속 아버지는 덕수를 향해 말한다. "지금까지 잘 살아 온 거야, 나 대신 가족들을 돌봐줘서 고맙다." 이때 덕수는 "아부지! 약속 잘 지켰지예, 그래도 내 잘 살았지예, 근데 내 진짜 힘들었거든예." 하며 오열한다. 우리의 종말은 언제나 "내가 아버지 안에" 있음을 발견할 때쯤 깃들기 마련이다. "아버지께서 내 안에 계신" 것을 넘어 어느새 나는 아버지가 되어 있는 셈이다.

계속해서 그것은 바로 예수 그리스도에게 서슴지 않고 '독생하신 하나님'(ὁ μονογενης θεος, the only God)이라는 대담한 칭호를 돌렸던 신학과 상응한다(요 1:1; 20:28). 그것이 대담한 이유는 본래 하나님은 한 분이신 까닭이다. 다른 말로 하면 하나님은 전통적으로 한 분이신데, 앞서 '모노게네스'는 아들과 더불어 한 하나님일 수 있는 원리로서의 근간을 이루게 된 것이다.

본래 하나님을 본 사람이 없으되 아버지 품 속에 있는 독생하신 하나님이 나타내셨느니라(요 1:18)

그러는 바람에 난해한 표현이 되어 버린 저 "독생하신 하나님"(개역개정)이라는 칭호는 사본/번역마다 고민한 흔적을 남겨두고 있다. 즉, "독생하신 아들"로[7] 번역되었는가 하면, "하나님 유일하신 그 분 한 분"으로[8] 번역되기도 하고, 어떤 경우에는 "하나님이신 외아들", "그의 외아들"로 번역되기도 했다.[9] 이 같은 사본과 번역들의 주된 쟁점을 집약하면 바로 "the only God"과 "the only Son"이라는 점에서, 우리는 '아버지인가 아들인가?'라는 쟁점과 다시 마주하게 된다.

결국 덕수 아저씨 안에 그분의 아버지가 내재해 있는 원리는, '아들로서 예수 그리스도에게 내재된 아버지'로서 하나님의 속성과 유사점을 띤다. 그러므로 이와 같이 모노게네스라는 생래적인 관계 개념을 통해 이 땅의 존재자를 신적인 존재자와의 관계로 유비(類比)해 내는 것도 의미심장하지만, 무엇보다 이 영화 〈국제시장〉이 그와 같이 보다 쉽게 이어내고 있는 유비는 앞서 도출한 '아버지'와 '아들' 간에 중첩된 이중 기호에 관한 진정한 해석이라 할 수 있다.

모든 가정에 성스럽게 서려 있는 이 모노게네스가 '토가 나온다'고 평론한다면 그의 아버지는 대체 어떤 아버지인가?

제14장_ 인페르노

천국/파라디소,
연옥/푸르가토리오,
지옥/인페르노

+ **감독**   론 하워드

+ **주연**   톰 행크스, 펠리시티 존스

+ **개봉일**   2016. 10. 19. 미국, 일본, 터키, 헝가리

+ **상영시간**   121분

+ **등장인물**   로버트 랭던(톰 행크스), 시에나 브룩스(펠리시티 존스),

                조브리스트(벤 포스터 베르트랑), 해리심(이르판 칸),

                부르더(오마사이 크리스토프).

+ **줄거리**   전 세계 인구를 절반으로 줄일 것을 주장한 천재 생물학자 '조브리스트'의 갑작스러
운 자살 이후 하버드대 기호학자 '로버트 랭던'은 기억을 잃은 채 피렌체의 한 병원에서 눈을 뜬다. 담당 의사
'시에나 브룩스'의 도움으로 병원을 탈출한 랭던은 사고 전 자신의 옷에서 의문의 실린더를 발견하고, 단테의
《신곡》〈지옥편〉을 묘사한 보티첼리의 〈지옥의 지도〉가 숨겨져 있음을 알게 된다. 하지만 원본과 달리 지옥
의 지도에는 조작된 암호들이 새겨져 있고, 랭던은 이 모든 것이 전 인류를 위협할 거대한 계획과 얽혀 있다
는 것을 직감한다.

기호와 해석의 몽타주

18세기 인구통계학자 토마스 맬서스(Thomas R. Malthus)는 경제학의 고전이 된《인구론》에서 "인구 증가는 기하급수적인데 반해 식량 증가는 언제나 일정하게 늘어나는 산술급수적일 수밖에 없는 법칙에 기인하여, 인류는 빈곤에 처할 수밖에 없다"고 주장했다. 실제로 19세기에 10억 정도였던 세계 인구는 갑절로 늘어나는 데 100년이나 걸렸지만, 또 다시 갑절이 되는 데는 50년밖에 걸리지 않았다. 인구 70억을 넘어선 오늘의 세계는 맬서스가 경고한 식량 문제는 차치하더라도 대기·기후 문제, 동식물 멸종, 물 부족 외에도 많은 환경 문제에서 헤어나지 못하고 있다.

§

영화 〈인페르노〉에서 천재 과학자 조브리스트는 맬서스 이론의 신봉자일 뿐 아니라, 기하급수적으로 불어나는 인류에 대한 정화 능력이 자연의 법칙에 있다며 중세 유럽 인구 절반의 목숨을 앗아간 흑

[←]
〈인페르노〉는
댄 브라운의 소설을
영화화한 것이며,
〈다빈치 코드〉(2006),
〈천사와 악마〉
(2009)의 같은
주인공이 모험을
펼치는 속편
성격의 영화다.

제14장 인페르노_ 천국/파라디소, 연옥/푸르가토리오, 지옥/인페르노

사병이 바로 그런 정화력이라고 역설한다. 한 마디로 질적(qualitative) 종말론이 아니라 양적인(quantitative) 원인에 기인한 양적 종말론인 셈이다. 그 천재가 벌인 전염병 프로그램이 바로 '인페르노(inferno)', 즉 단테의 《신곡》에 나오는 지옥의 명칭이다. 이 글에서는 단테가 설계하고 묘사한 지옥 '인페르노'를 통해 저 미치광이 천재가 꿈꾼 양적 종말론(quantitative eschatology)의 의미가 무엇인지 논의하고자 한다.

단테의 신곡

1265년에 태어나 유럽에 흑사병이 처음 창궐하기 약 20년 전 생애를 마친 단테(Dante Alighieri)가 '인페르노'를 포함한 《신곡》을 집필한 기간은 총 10년 정도로 알려져 있다. 몰락한 귀족 가문 출신으로 정치인이기도 했던 그가 망명 생활을 하면서 완성한 이 서사시는, 지옥에서 연옥으로, 연옥에서 천국으로 이르는 방랑기로 구성돼 있으며, 배경은 1300년 어느 부활 주일(7일자)부터 14일까지, 그러니까 딱 한 주간의 자기 체험 식으로 엮여 있다.

원제는 코메디아(Commedia) 즉 '희극'이다. '비극'이라는 권위 있는 장르에 비해 희극은 상대적으로 천박한 것으로 여겨졌지만, 이 책이 당대의 권위 있는 문필 언어(라틴어)가 아니라 지방어(이탈리아 방언)로 굳이 집필된 연유와 의도가 맞닿아 있다. 쉽게 대중적으로 쓰겠다는 것이다. 실제로는 전혀 쉽지 않은 책이지만.

이 권위 없는 제목에다 '신적인(Divina)'이라는 형용사를 붙여 권위를 부여한 것은 다름 아닌 보카치오였다. 그가 곧잘 이 책을 해설하였다고 한다. 그때부터 신곡(神曲)이 된 것이다.

이 글에서는《신곡》의 구성인 지옥(Inferno), 연옥(purgatorio), 천국(paradiso) 가운데 천국을 제외한 두 옥(獄)의 구조만을 살펴볼 것이다.

인페르노, 단테의 지옥 구조

영화에서도 중요한 단서로 등장한 보티첼리의 〈지옥도(Chart of Hell)〉에서처럼, 단테의 지옥은 총 9단층으로 되어 있다. 본격적인 단층이 시작되기도 전, 입구 안뜰에서부터 고통에 대한 목격이 시작된다.

#0. 안뜰: '태만'의 죄-왕파리, 벌 떼의 고통

이곳은 태만한 자들의 자리다. 왕파리와 벌 떼가 이들에게 괴로움을 주고 있다. 파리는 게으름의 상징인데 반해, 벌은 부지런함의 상징이다. 게으른 자가 이 불결한 파리와 지내는 동시에 근면의 상징인

벌 떼에게 고통을 당하는 셈이다.

아울러 입구에는 두 개의 강이 있다. 하나는 인페르노(지옥)로 들어가는 아케론 강, 다른 하나는 푸르가토리오(연옥)로 들어가는 테베레 강. 단테는 스승 베르길리우스의 안내로 먼저 인페르노로 들어섰다.

#1. 림보: '무無세례' 어린이, 그리스도 이전 위대한 철인

지옥의 첫 번째 단층은 림보(Limbo)이다. 미처 세례 받지 못하고 죽은 아이들이나 그리스도 이전의 위대한 철학자가 있는 곳이다. 비록 지옥의 테두리에 위치하지만, 고통과 괴로움은 없는 곳이기도 하다. 영화 〈인셉션〉에서는 이 림보를 절대로 깨어날 수 없는 코마 상태/무의식 세계로 표현한 바 있다.

#2. 불지옥, 폭풍 지옥: '애욕'의 죄

본격적인 지옥 형벌이 시작되는 이곳은 애욕의 죄를 저지른 사

[←]
보티첼리의 그림에서
인페르노입구. 단테와
베르길리우스가
세 강 중의 하나를
가로지르기 위해
배를 기다리고 있다.

[←]
파올로 말라테스타와 프란체스카 데 리미니의 죽음 (Mort de Francesca de Rimini et de Paolo Malatesta)을 그린 알렉상드르 카바넬(Alexandre Cabanel)의 작품. 단테는 지옥에서 이들의 애절함을 듣고는 혼절한다.

람들이 가는 곳이다. 단테는 시동생 파올로와 사랑을 나누다 남편의 칼에 죽은 프란체스카 커플을 만난다.

억울한 이들에게 까닭은 있다. 프란체스카는 정략결혼을 당할 때 이 잘생긴 파울로를 배우자로 소개받았다. 그런데 첫날밤을 지내고 보니 신체가 기형인 파울로의 형으로 바뀌어 있는 게 아닌가. 둘은 그 뒤에도 만남을 이어 가다 음욕을 범하고 만 것이다.

이 슬픈 이야기에 그만 단테는 혼절하고 만다. 그러나 돌이킬 수 없다. 클레오파트라도 이곳에 와 있으며, 트로이의 헬레네도 이곳에 와 있다. 이곳은 미노스라는 괴물이 지키는 곳이다.

#3. 우박, 눈, 진흙 지옥: '탐욕'의 죄

탐욕은 음욕·애욕과 달리 욕심 그 자체다. 주로 물질에 대한 욕심이 형상화한다. 이곳의 주된 형벌은 진흙이다. 진흙이라고 하니 불이나 폭풍보다 경감된 형벌이 아닐까 싶지만, 불·폭풍이 타오르는 애욕의 표징이라면 진흙은 수렁과도 같은 재물의 표징인바, 헤어나올 수 없다는 점에서 같은 징벌이다.

쏟아져 내리는 비, 우박, 눈이 만들어 내는 진흙으로 영원히 질퍽이다 추위가 덮치는 이곳은, 머리 셋 달린 괴물 개 케르베로스가 지키고 있다.

#4. 닻의 힘에 눌리는 지옥: '낭비와 인색'의 죄

미노스와 케르베로스에 이어 세 번째 괴물 플루톤이 지키는 이 단층은 낭비와 인색의 죄인들이 있는 구역이다. 늑대 괴물인 플루톤은 탐욕의 화신이다. 앞서의 탐욕과 다른 것은, 이들의 죄가 낭비와 인색함이라는 모순을 띠기 때문이다.

그래서 이들은 지옥에서도 서로 알아보지 못한다. 분별력 상실이 속성인 까닭이다. 이 욕심이 그들의 풀 수 없는 닻이 되어 무겁게 짓누르고 있다.

#5. 스틱스의 늪: '분노'의 죄

낭비와 인색의 닻에 묶여 있는 단층 구역을 나와 스틱스 강가

[←]
지옥의 둘레들
(Circles of Hell).
구덩이에 거꾸로
처박혀 있는 자들은
타락한 성직자들이다.

[←]

디스 시.
지옥의 수도(首都)
격이다.

에 이른 단테는, 교만하고 화내기를 즐겨하는 영혼들을 목격한다. 단테는 분노와 화를 견디지 못해 원한에 사로잡혀 있는 그들을 바라보며 지나갔다. 흙탕물로 진창이 된 그 늪을 통과하고 나서야 다음 구역인 '디스의 세계'에 이르렀다.

#6. 시뻘겋게 타는 관의 형벌: '이교도'의 죄

디스 시(市)라 불리는 이곳은 이교도의 단층이다. 디스는 하계를 뜻하는 말로서 이탈리아어로('Dite') 지옥 마왕, 그리스-로마 신화의 하데스에 해당한다. 이 구역에는 이교도뿐 아니라 이단자들이 시뻘겋게 타는 관 속에서 형벌을 받는다. 특히 에피쿠로스학파 영혼들이 이곳에 들어와 있는 것을 목격한다. 호메로스, 호라시우스 등 철학자들이 림보에 들어가 있는 것에 비하면 의외인 것이다. 에피쿠로스학파가 영혼의 불멸성을 부정한 까닭일 것이다. 즉 이 인페르노(지옥)를 부정한 셈이다.

#7. 폭력에 대한 세 둘레 형벌: '폭력'의 죄

일곱 번째 단층은 폭력의 죄인들이 있는 곳이다. 여기 도착하자마자 단테는 미친 듯이 날뛰는 미노타우로스를 목격한다. 폭력을 상징하는 것이다. 이곳은 세 개의 하부 단층으로 다시 나뉘는데, 먼저 ①이웃에게 폭력을 휘두른 죄인들이 펄펄 끓는 피의 강 속에서 삶아지고 있다. 삶아대는 그 핏물을 못 참고 뛰쳐나오려 하면 켄타우로스들이 활로 쏘아댄다. 다음은 ②자살한 영혼들이 거하는 구역이다. 자신의 육체에 폭력을 가한 이들은 최후 심판 때 자신의 육신을 찾을 길이 없다. 스스로 버렸기 때문이다.

끝으로 ③하나님께 포악한 자들이 이 하부 단층에서 불비를 맞고 있다. 눈송이 같기도 한 이 불비는 그들의 벌거벗은 살을 태운다. 여기에는 자연의 순리를 따르지 않은 남색·동성애자들도 있다. 여덟 번째 단층으로 넘어가기에 앞서 단테는 고리대금업자들도 만난다. 동성애와 마찬가지로 부당이득 또한 자연의 순리를 거스른 죄로서 신

[←]
아첨꾼들과 창녀의
포주들이 있는 곳을
지나고 있다.

성모독으로 취급되기 때문이다.

#8. 신뢰를 깨뜨린 자에 대한 열 구렁:

위선자, 간음자, 마술사, 위조자, 도둑, 포주

이 구역은 인페르노 가운데 가장 복잡한 구조를 띤다. 신뢰를 깨뜨린 자들에 대한 열 개의 하부 구덩이로 되어 있기 때문이다. 다음과 같은 순서다.

①첫째 구렁, 타인 유혹: 순진한 여자들을 유혹했던 자들과 포주들이 벌거벗은 채로 채찍에 맞고 있다.

②둘째 구렁, 아첨꾼: 세상에 아첨하는 아첨꾼들이 더러운 배설물·똥물에 잠겨 있다.

③셋째 구렁, 성직자: 이곳에는 놀랍게도 성직을 매매한 자나 성물을 팔아먹은 죄인들이 있다. 발바닥에 불이 붙어 타오르는 형벌을 받고 있는 이들 중에 교황 니콜라우스 3세가 거꾸로 처박혀 있다. 단테를 본 그는, 후계자 보니파티우스 8세가 오면 더 깊은 지옥에 떨어지더라도 자기 자리를 물려줄 것이며, 보니파티우스 8세 또한 클레멘스 5세가 오면 그 자리를 똑같이 넘겨줄 거라고 말한다. 매관매직도 세습의 한 유형인 것이다.

④넷째 구렁, 점쟁이: 이곳에는 고전 신화에 나오는 예언자와 점쟁이들이 있다.

⑤다섯째 구렁, 탐관오리: 이곳에는 펄펄 끓어오르는 시커먼 타르 속에 탐관오리들이 악마의 감시를 받으며 잠겨 있다.

⑥여섯째 구렁, 위선자: 눈부신 황금빛 옷을 입은 위선자들이 있는 곳이다. 이들의 옷은 겉으로는 화려하지만 온통 납으로 채워져

엄청나게 무겁다. 그것을 입고 계속 걸어야 한다. 단테는 이곳에서도 수도사의 영혼과 이야기를 나눌 수 있었는데, 그들은 향락적 삶을 살았기 때문에 이곳에 온 것이다.

⑦일곱째 구렁, 도둑: 도둑들이 있는 이곳에는 다양한 종류의 뱀과 독사가 무서운 고통을 그들에게 안기고 있다. 한 마리가 어느 영혼의 목 부분을 꿰뚫으니 그 영혼에 불이 붙어 타버리지만, 이내 원래 모습으로 되살아나 고통을 반복한다. 저주받으며 하나님께 손가락질하거나 욕하는 자들도 이곳에 있다.

⑧여덟째 구렁, 사기 치는 집정관: 사기와 기만을 교사한 자들이 불꽃 속에서 벌을 받는 곳이다. 트로이 전쟁의 영웅 오디세우스도 이곳에 있다. 목마를 이용한 기만술을 썼기 때문이다. 프란체스코 수도회 구이도 몬테펠트로의 영혼도 이곳에서 목격한다. 수사가 되기 전 교황 보니파티우스 8세와 함께 적대적인 한 가문을 몰락시키는 술

[←]
최저층에는
배반자들을 물어뜯고
있는 루시페르
(루시퍼)가 있다.

책을 썼기 때문이다. 그 후 수사가 되었는데도 이곳에 와 있다.

⑨아홉째 구렁, 정치·종교적 불화: 이곳은 정치적·종교적으로 불화의 씨앗을 뿌린 자들의 영혼이 있는 곳이다. 신체가 여러 등분으로 갈라지고 쪼개지는 형벌을 받고 있다. 이간질하는 삶을 살았기 때문이다. 오늘날 같았으면 함량 미달의 언론들이 이 갱도에 집어넣어졌을 것이다. 가령 언론들이 자주 써먹는 "지옥의 가장 뜨거운 자리는 도덕적 위기의 시기에 중립을 지킨 자들에게 예약되어 있다"라는 단테의 경구가 있는데, 실제로 단테는 그런 말을 '인페르노'나 '푸르가토리오' 어느 곳에도 적어 놓은 일이 없다. '취재'를 하기보다는 부정확한 인용들을 가공하여 이간질을 위해 오용하는 것이 그들의 주된 일이기 때문이다.

단테는 당대 누구보다도 중립적인 '프로테스탄트'였다. 어쨌든 이 구렁에는 이슬람교의 창시자 무하마드도 와서 처참하게 몸이 찢겨 있는 상태다.

⑩열째 구렁, 위조범·연금술사: 화폐나 문서를 위조한 자들이 악취가 나는 역겨운 질병에 시달리고 있다. 온몸에서 생긴 큰 종기 딱지들을 손톱으로 떼고 있다. 연금술(금을 만들 수 있다든지 하는)로 사람을 속이고 현혹한 자들도 다 이곳에 와 있다.

#9. 루시페르의 입 속에: 은인을 배반한 자들

인페르노 가운데 마지막 단층인 이곳은 네 구역으로 되어 있다. ①첫 구역 '카이나'에서는 가족과 친족을 배신한 영혼이 벌을 받고 있다. ②둘째 구역 '안테노라'에서는 조국과 동료를 배신한 영혼이 벌을 받고 있다. ③셋째 구역 '톨로메아'에서는 손님을 배반한 영혼들이 얼음에 갇혀 있다. ④마지막 구역 '주데카'에서는 은혜를 베푼 사람을 배신한 영혼이 벌을 받고 있다.

여기서 루시페르는 세 개의 얼굴, 세 쌍의 팔을 갖고 등장하는데 가룟 유다, 브루투스, 카시우스를 각각 하나씩 물고서 씹고 있다. (참고로 '카이나'는 창세기 아담의 첫 아들 카인에서 온 말이고, '주데카'는 가룟 유다의 유다에서 온 말이다.)

이상과 같이 인페르노, 즉 단테가 설계한 지옥의 구조는 다층화돼 있어 객관적인 죄 배치도를 완성하고 있으나, 단테가 개인적으로 겪고 있는 정치적이면서도 문화적인 주관성이 투여된 것을 살필 수 있다. 가장 심연의 지옥 단층에 정치적 배신자들을 집어넣고 있다든지, 프란체스카-파울로 커플에 문학적 감성을 입혀 놓은 것이 그 예다.

그렇지만 이 모든 죄의 배치가 지극히 현세적이라는 점에서, 관념이나 종교적 교의를 초월한 진정한 지옥의 의미가 담겨 있다. 이를테면 이 인페르노의 설계는 종교개혁이 일어나기 훨씬 전인데도 성직자들을 지옥에 보내놓고 있다. 이것이 이 서사가 우리 수중에 전수된 요인이기도 하다.

다음은 푸르가토리오, 즉 연옥에 대한 구조다.

푸르가토리오, 단테의 연옥 구조

인페르노에서와 달리 연옥에서는 빛나는 별이 시야에 잡힌다. 테베레 강가에는 회개하며 속죄를 구하는 많은 영혼들이 연옥으로 들어가는 배를 기다리고 있다. 그렇지만 연옥에도 형벌은 있다. 다만 지옥

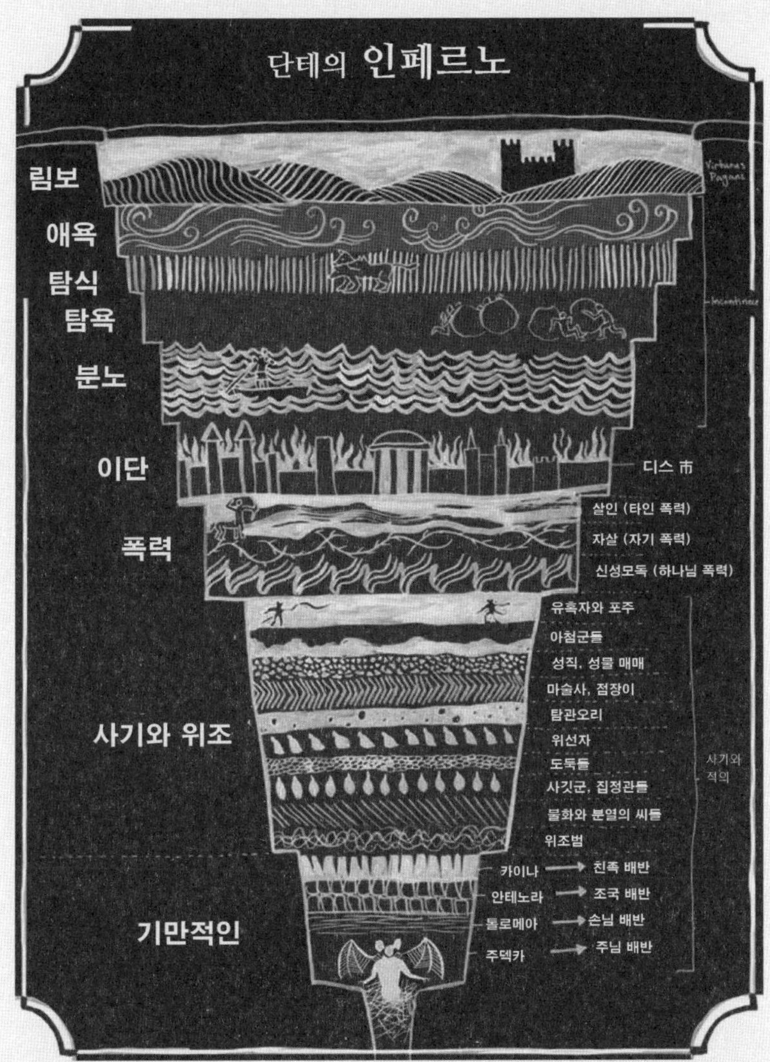

[↑]
단테의 인페르노를
단면도로 보여주는
도면.(출처: Pinterest)

과 다른 점은, 그것이 지옥처럼 영원하지는 않다는 것이다. 일정 기간에 한한다. 이것이 푸르가토리오의 속성이다. 죄가 다 정화되고 나면 천국으로 갈 수 있다.

단테는 이 연옥 입구에서 일곱 개의 P자를 이마에 새김 받는다. 죄(peccatum)의 첫 글자다. 그리하여 다음 소개하는 일곱 권역을 지날 때마다 한 개씩 지움을 받는다. 또 한 가지, 지옥과의 큰 차이점은 이 형벌들을 가하는 자가 악마가 아니라 천사라는 사실이다.

#0. 두 비탈

연옥에도 지옥처럼 입구가 있다. 그곳은 죽을 때가 되어서야 회개한 영혼들의 자리다. 두 개의 비탈로 된 것이 특징이다. ①첫째 비탈은 신앙 없는 삶을 살다 죽기 전에 돌이킨 자들 가운데 그 불신앙의 기간의 30배를 정화해야 하는 자들의 자리이고 ②둘째 비탈은 회개에 게을렀던 자들이 그 인생만큼 정화의 시간을 가져야 하는 자리다.

#1권역층, 교만

이제 연옥의 본격적인 여정으로 첫 권역은 교만의 죄를 정화하는 층이다. 교만은 하나님보다 자기를 더 신뢰하는 것을 말한다. 조상의 힘으로 얻는 구원, 사회 지위로 얻는 구원, 도덕 행위로 얻는 구원, 이런 일체의 그릇된 신뢰를 비난한다. 세속에 정신을 쏟다가 친족에 대한 의무를 소홀히 하는 죄도 이 교만의 정화 단계에 해당한다.

#2권역층, 질투

질투에 사로잡힌 영혼들이 질투심을 정화하기 위해 철사로 눈

꺼풀을 꿰매고 이 권역층에서 고행을 한다. 이때 "누구든지 나를 만나는 자는 나를 죽일 것이다"라는 목소리를 듣게 된다. 질투의 표상인 '카인'의 음성인 것이다. 자비의 천사가 정화된 자들을 이끌어내고 있다.

#3권역층, 분노

분노의 죄를 정화하는 권역층이다. 분노는 하나님이 주신 자유의지의 남용에 기인한다. 이 분노로 세상이 부패하게 되었다.

#4권역층, 태만

하나님이 만드신 피조물들은 사랑을 내재하고 있지만, 그 사랑을 잘못 사용하거나 아예 사랑하는 데 태만하다. 여기서의 태만이란 구체적으로 사랑에 대한 태만인 것이다. 그것을 이곳에서 정화한다.

#5권역층, 인색

인색한 자들은 하늘을 올려다보지 않고 땅만 움켜쥐는 본성이 죄로 있다. 그리하여 이들은 죄를 정화할 때, "내 영혼이 땅바닥에 붙었도다"라고 외친다. 특별히 단테는 여러 악덕 가운데 이 죄를 더욱 비난했다.

#6권역층, 탐식

탐욕이 아닌 탐식이다. 이 권역층에서는 식탐을 정화한다. 음식에 대한 욕구는 본능으로 가려져 있으나, 본능 이상의 탐식은 여러 죄와 어깨를 나란히 하는 중죄다. 이곳에는 과실과 맑은 물이 흐르지만 탐식을 정화하는 영혼은 이것들을 먹지 못하는 고통으로 야위어 간다.

#7권역층, 애욕

애욕을 정화하는 영혼들은 다음과 같은 세레모니를 반복한다. 서로 마주보며 걷다가, 서로 부딪치면 멈추지 않은 채 다정히 입 맞추고 헤어진다. '결코 이루어질 수 없음'에 대한 단련이라고나 할까. 이때 애욕의 예화들을 말한다. 어떤 자들은 소돔과 고모라를, 어떤 자들은 파시파에의 이야기를 하는데 그 두 그룹이 서로 반대 방향을 향한 채 눈물 흘리며 정숙함을 말한다.

#8 망각의 강 레테(Lethe)

이렇게 인페르노에 이어 푸르가토리오 여정을 마친 단테는 물의 근원 레테('망각의 강')를 건너면서 죄를 씻되, 또 다른 강 '에오누에'를 통해 선행의 기억을 되찾고 천국행 자격을 얻는다. 이때 그동안 단테를 안내한 베르길리우스는 작별을 고하고 베아트리체가 천국 여행으로 인도한다.

이상 열거한 지옥·인페르노와 연옥·푸르가토리오의 구조를 다이어그램으로 요약하면 251쪽에 명시된 것과 같은 도상을 띤다.

'인페르노'와 '푸르가토리오' 그리고 '칠죄종'

이들 도상을 주의 깊게 살펴보면 두 옥의 세부 단층들에서는 다소 차이가 있지만, 골격 자체는 하나의 뼈대를 양자가 공유한다는 사실

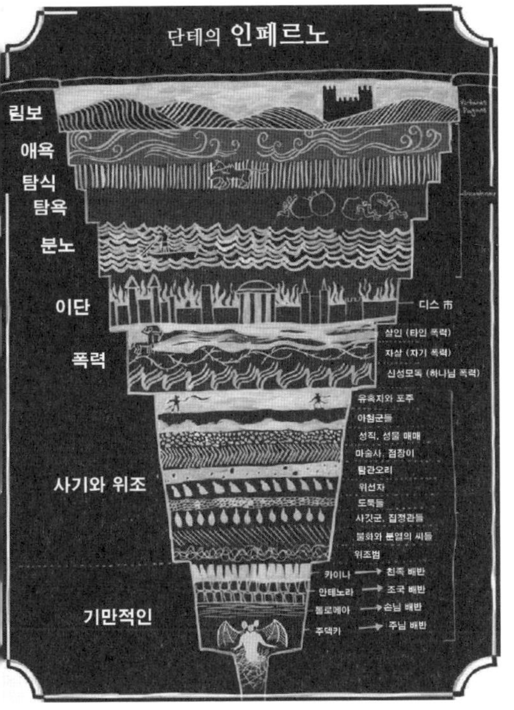

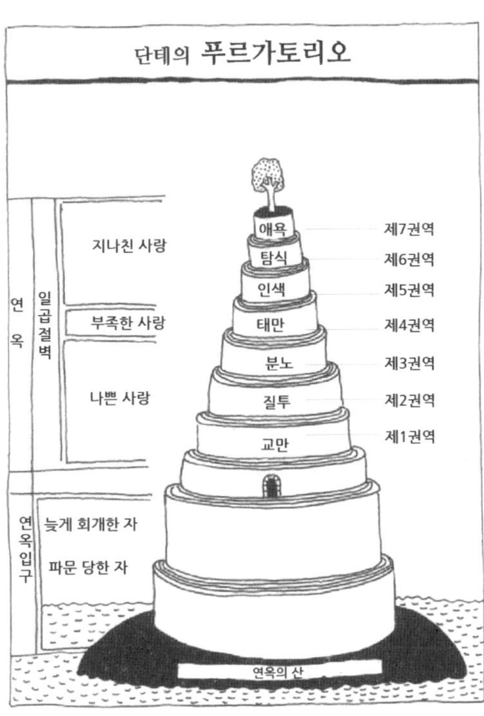

[↑]
단테의 인페르노와
푸르가토리오(연옥)를
비교한 도면.
(출처: Pinterest)

을 발견할 수 있다. 그 한 뼈대로 지옥 인페르노는 역삼각형 곧 깔때기 구조를 이루고, 연옥 푸르가토리오는 반대로 깔때기가 뒤집힌 고깔 모양의 안정적 구조를 이루고 있다. 이 두 이미지가 만들어 내는 도상(圖像)이 의미하는 바는 무엇인가?

그것을 논하기 전에, 지옥과 연옥의 구조가 공유하는 악덕 목록을 살펴보자. 그것은 이른바 중세에 대죄(大罪)로 통용되던 칠죄종(七罪宗, septem peccata capitalia)이라는 사실을 어렵지 않게 발견할 수 있다. 오늘날 개신교에서는 "여자를 보고 음욕을 품는 자마다 마음에 이미 간음하였느니라"(마 5:28)는 구절에서 볼 수 있듯이 작은 죄나 큰 죄나 '모든 죄'로 통일시키지만, 중세에는 죄를 대죄와 소죄라는 두 개념으로 분류하여 소죄는 비교적 경미한 죄로, 대죄는 매우 심각한 죄로 구별했다.

칠죄종(七罪宗)

- 교만(superbia, pride) 제1권역
- 인색(avaritia, greed) 제5권역
- 질투(invidia, envy) 제2권역
- 분노(ira, wrath) 제3권역
- 음욕(luxuria, lust) 제7권역
- 탐식(gula, gluttony) 제6권역
- 나태(acedia, sloth) 제4권역

[←]
단테의
푸르가토리오는
중세의 칠죄종을
견지하고 있다.

[→]
히에로니무스 보쉬,
〈칠죄종과 네 가지
종말〉.

신학적 의미에서 대죄는 은총을 파괴하고 죽은 후 반드시 지옥
영벌(永罰)에 처하게 만드는 심각한 죄로 가르쳤다. 그것이 바로 교만,
인색, 질투, 분노, 음욕, 탐식, 나태였던 것이다. 이와 같은 대죄의 모티
프는 단테의《신곡》뿐 아니라 여러 예술 작품의 주제가 되기도 했다.
아래 그림은 그런 작품 가운데 대표작인 히에로니무스 보쉬(Hierony-
mus Bosch)의 〈칠죄종과 네 가지 종말〉이다.

그러나 이들 칠죄종은 죄의 추가적 개념이라기보다, 죄원(罪源)
적 개념이라는 사실에 유념할 필요가 있다. 즉 '모든 죄'는 여기서 유
발된다고 본 것이다. 그러니까 칠죄종 요목들은 상황에 따라 대죄일
수도 있고 소죄일 수 있지만, 궁극적인 죄원이기에 지옥을 형성하는
뼈대인 동시에 그 지옥을 빠져나올 수 있는 구조이기도 한 것이다. 회
개의 중심 뼈대인 셈이다.

예를 들면, 칠죄종 중 '탐식(gula, gluttony)'이 있다. 흔히 이를 탐욕이라 번역하는데, 이것은 명백히 탐식 곧 '폭식(gluttony)'에 해당하는 죄다. 추상적 욕망이 아니라 폭식 그 자체에 모든 파생적 욕망의 실체적 형상이 들어 있다는 것이다. 이를테면 현대 교회에서 가장 큰 문제로 대두되는 '세습' 문제도 바로 이 폭식, 곧 먹어치우는 '죄원'에서 뿌리를 찾을 수 있는 것이다(참고로 아래 그림은 교회가 '자본'화될 때 그것은 세습 이전에 폭식의 죄원으로 드러난다는 취지로 저술했던 나의 책 표지로 트리밍해 넣은 보쉬의 그림 중 '폭식' 부분이다).

그렇다면 단테가 〈신곡〉에서 지옥 '인페르노'와 연옥 '푸르가토리오'를 통해 꾀하려는 구조는 무엇일까? 그것은 연옥설에 관한 신학적 변주일 뿐일까? 근본적으로 단테의 신앙적 교의에는 어떤 문제가 있다고 보이지는 않는다. 가령 최후의 심판에 관한 다음과 같은 인용문은 우리의 보편적 이해와 같기 때문이다.

나는 악취가 떠도는 진흙탕과 망자의 위를 넘어가면서 문득 솟구치는

[←]
보쉬의 〈칠죄종〉 중 '탐식(gula, gluttony)'. 《자본적 교회》(이영진, 2013)의 표지 그림으로 사용한 바 있다.

[→]
이탈리아에서 터키에 이르는 주요 명소들이 이 영화의 주된 배경이 되고 있다.

의문을 입에 담았다. '스승님, 저 위대한 심판(최후의 심판) 후에는 죽은 자들의 고통이 작아지나요, 아니면 더 커지나요, 아니면 지금 이대로 인가요?' (스승 가라사대) '이제 네 이론으로 돌아가라. 일이 완전하면 그만큼 행복을 더 느낄 것이요 그만큼 고통도 그러하리라… 그때는 지금보다 더 그러길 기대하고 있다(인페르노, 6곡 103-11행).

최후의 심판 뒤에도 돌이킬 수 없는 행복과 고통이 그대로 더 선명해진다는 것이다. 그러나 다음과 같은 부분에서는 개신교의 보편적 이해와 첨예하게 대립한다. 단테의 스승 베르길리우스가 악마들에게 인페르노에서 여섯째 구렁으로 넘어갈 수 있는 길이 있는지 물어보는 과정에서, 악마들이 더 이상 앞으로 나아갈 수 없다며 말하는 대목이다.

정확히 1266년 전, 그러니까 예수가 십자가에 못 박혀 돌아가신 직후 림보의 덕성 있는 영혼들을 천국으로 데려가기 위하여 지옥에 내려

왔을 때, 지진으로 다리가 무너졌기 때문이다(인페르노, 20-22곡에서).

이는 아마도 "그리스도께서… 육체로는 죽임을 당하시고 영으로는 살리심을 받으셨으니 그가 또한 영으로 가서 옥에 있는 영들에게 선포하시니라"(벧전 3:18-19)라는 대목을 의식한 본문일 것이다. 여기서 '림보의 덕성'이라는 대목은 앞서, 세례받지 못하고 죽은 어린아이들이나 그리스도 이전에 사람들을 빛 가운데로 인도한 위대한 철인과 시인에 대한 구원론과 결부되어 있다. 그런가 하면 구체적으로 이런 직접적인 관점도 포함한다.

'그들은 세례를 받지 못했어. 개중에는 훌륭한 사람도 있지만, 믿음을 갖는 데 절대적으로 필요한 세례 의식을 받지 못한 게야.' '그렇다면 주 예수 그리스도 이전에 태어난 사람은 어떻게 되는가요? 개중에는 선량하고 위대한 사람도 있지 않은가요?' '어느 때 어느 분이 이곳으로 오셔서 아담과 아벨, 그리고 노아와 모세, 그리고 많은 영혼을 데리고

기호와 해석의 몽타주

지복(至福)의 길로 인도하셨다네. 잘 기억해 두게. 선량한 혼일지라도 그때까지 구원받지 못했음을. 따라서 일단 이곳으로 들어온 이상, 그 분이 오실 때까지는 위로 오를 희망이 없었다는 사실을.' 그리고 스승은 입을 다물었다.(림보)

결국 연옥 '푸르가토리오'는 천국으로 오르는 명시적 단계로서의 지옥을 표명하고, 지옥 '인페르노'는 림보라는 구역을 통해 사실상 천국과 연결되어 있다는 결론에 이르게 된다.

이와 같은 구원관과 내세관은 '면죄부'(Indulgentia)[1]의 근간이 되었다. 종교개혁 이후 이와 같은 내세관을 수용하는 프로테스탄트는 아무도 없는 실정이다.

그러나 단테의 지옥과 연옥의 구조에는 이와 같은 교의적 단절을 뛰어넘는 그 무엇인가가 있다. 왜냐하면 그는 마르틴 루터의 종교개혁보다 무려 200년은 더 앞서서 교황을 지옥 8번 갱도 세 번째 구렁에 처박은 '프로테스탄트'였기 때문이다. 따라서 단테의 지옥에서 연옥에 이르는 제 과정은 교의적 전제에 앞서 보다 심원한 문학적 의미를 띤다.

'인페르노'와 양적 종말론(Quantitative Eschatology)

연옥은 분명 지옥의 둘레임에도, 본성상 모호한 면이 있다. 특히 단테의 연옥 '푸르가토리오'는 지옥에서 천국으로 이르는 여정에서《신곡》전체의 문학적 본질일 수 있다. 왜냐하면 처절한 지옥 '인페르노'는 연옥 '푸르가토리오'와 함께 있을 때에만 지옥으로서 엄정한 본성을 드러내며, 천국 '파라디오' 역시 연옥인 '푸르가토리오'와 함께 있을 때에만 천국으로서 빛나는 가치를 드러내기 때문이다. 그런 점에서 단테에게 연옥은 역설적 표현일 수밖에 없지만 어느 정도 희망의 지옥이다. 따라서 단테가 《신곡》에서 지옥 '인페르노'와 연옥 '푸르가토리오'를 통해 꾀하려 했던 진정한 구조는 이것이다.

한 마디로 단테의 지옥 '인페르노'는 천재 조브리스트의 실존적인 종말과 맥을 같이 한다. 다른 말로 하면, 단테의 지옥은 조브리스트의 그것처럼 이 지상에 현존했던 셈이다. 두 사람 모두 자신의 현재 속에서 인페르노를 보고 있기 때문이다. 다만 조브리스트의 인페르노에는 연옥이 갖춰져 있지 않다는 점에서, 단테의 인페리노와 결정적으로 길을 달리한다. 특히 조브리스트의 종말이 폭력적인 것은 질적(qualitative)이기보다 양적인(quantitative) 원인에 맥락이 닿아 있기 때문이다.

단테와 조브리스트, 이들 두 프로테스탄트 간의 차이에서 우리는 교회사적 인페르노를 돌아볼 수 있다. 중세에는 하나의 연옥을

통해 여러 종류의 지옥을 양산함으로써 사실상 천국에 못 오를 자가 없도록 만들어 놓았다면, 종교개혁 이후로는 천국과 지옥의 경계인 연옥을 아예 없애버림으로써 누구나 '이미' 천국 '파라디소'에 올라가 있는 것만 같은 혼동을 초래하였다는 사실이다. 정화, 곧 푸르가토리오의 과정도 없이 말이다. 단테의 지옥이 안 믿는 자들이 아니라 믿는 자들을 위한 지옥이었다는 사실도 현대인이 자주 망각(Lethe)하는 대목이다.

§

영화 〈인페르노〉의 원저자 댄 브라운의 다소 조악한 특유의 스타일이지만, 전작들과 마찬가지로 사람 이름에다 애너그램을 기호로 박아둔 사실을 발견했다. 가령, 에이전트 브뤼더(Brüder)는 'greed'(탐심)를 연상시키는가 하면, 흥신소 킬러 바옌사(Vayentha)의 이름은 'envy'(질투)를, 주인공 로버트 랭던(Robert Langdon) 교수는 'anger'(분노)를, 랭던의 옛 애인 신스키(Elizabeth Sinskey)는 'laziness'(나태)를, 랭던의 친구 이그나지오 부소니(Ignazio Busoni)는 'gluttony'(탐식)를 기표한다.

끝으로 천재 조브리스트(Zobrist)의 이름은 니체의 역작《Übermensch(초인)》을 연상시키는 프로이센식 명칭 '오베르만(Obermann)'에서 유래한 점에서, 그 이름의 직접 애너그램은 아니지만 "신은 죽었다"고 했던 니체의 'pride(교만)' 죄를 기표한다.

그 결과에서도 신은 죽었다고 표방했지만 정작 니체가 죽인 것은 인간의 영혼들이었다는 점에서, 조브리스트가 개발한 전염병의 기표까지 공유한다. 왜냐하면 원작에서 조브리스트가 개발한 것은 흑사병이 아니라 아이를 낳을 수 없게 되는 병원균이었기 때문이다.

실제로 현재 그 병원균이 우리 사회에 창궐하고 있다. 베아트리체를 갈망하는 희망의 정화 시간인 '연옥' 즉 지옥 '인페르노'와 천국 '파라디소'의 중간 지대인 '푸르가토리오'를 잃어버렸기 때문이다.

[←]
댄 브라운의 원작
소설 표지. 단테의
데스마스크는
영화에서 비밀을
푸는 열쇠다.

기호와 해석의 몽타주

"영화 '곡성', 우리의 믿음이 검증당하는 '상황' 제시"

2016년 5월 개봉한 영화 〈곡성〉은 650만 명이 넘는 관객을 동원하며 흥행몰이를 하고 있다. 개운치 않은 결말로 온라인상에서는 해석과 논쟁이 계속 뜨거워지고 있기도 하다. 이러한 가운데 〈크리스천투데이〉 리뷰 코너 '이영진의 기호와 해석'에 게재된 "기독교에 살(煞)을 날린 영화, '곡성'"도 많은 화제를 낳고 있다. 그 리뷰의 필자 이영진 교수(호서대)에게 영화와 관련된 이야기들을 더 들어 봤다.

Q. 먼저 영화 내용에 대해 여쭙겠습니다. 리뷰를 읽고 영화를 봤음에도, 이해가 가지 않는 장면이 많았습니다. 특히 '무명(천우희)'과 '외지인(쿠니무라 준)', '일광(황정민)'의 정체가 그러한데요.

A. 의도적으로 상징화(encoding)를 투여한 캐릭터의 정체를 콕 집어 밝힌다는 게 무의미하지만, 셋 다 우리가 지닌 어떤 믿음의 '대상'이나 '형식'이 아니겠나 생각합니다. 믿음에 따라(믿는 만큼) 그 대상과 형식은 변하게 마련인 거죠.

Q. 주인공 '종구(곽도원)'가 마지막에 '무명'의 말을 들었더라면 어떻게 됐을까요.

A. 이런 종류의 영화는 어떤 행위에 얽힌 결과보다 그 행위의 과정 자체에 주안점을 두는 것이 내용 파악에 도움이 됩니다. '가면 다 죽는다'는 무명의 말이 과연 가지 않았다면 '다 살 수도 있었다'는 뜻인지, 아니면 '종구만 살 수 있었다'는 뜻인지 우리로선 당연히 궁금할 수밖에 없습니다.

하지만 진정한 의미소는 종구가 이미 선행된 모범 행위를—닭이 세 번 울기 전 베드로의 행위를—어떻게 반복했는지에 있다 하겠습니다. 종구는 베드로와 달리 현장에 뛰어드는 바람에 순교하고 말았습니다. 그렇지만 그것은 여전히 전적으로 종구가 한 의심의 발로였다는 점에서 베드로의 모범을 답습합니다.

Q. 감독은 '무명'이 '신(神)'을 상징한다고 했는데, 그렇게 봤을 때 '무명'의 행동은 어떻게 해석해야 하나요.

A. 감독이 말한 '신'이라 해봐야 여장승 수호신 정도일 텐데, 큰 의미 부여를 하긴……. 말씀드렸듯 '신'에 초점이 맞춰진 게 아니라 '신에 대한 반응'이 관건이기 때문입니다.

Q. 이 영화의 감독은 이례적이라 할 정도로 인터뷰를 통해 영화 내용에 대해 많은 설명을 하고 있는데요.

A. 개봉 이전의 인터뷰는 통상 홍보를 위해, 그리고 관객의 이해를 돕기 위해 기본 의도 정도를 밝히는 것일 텐데, 제가 보기에도 좀 과한 설명이 개봉 전후 연속된 것 같아 아쉬웠습니다. 이야기의 창작자는 '플롯'으로 말해야지, '설명'으로 하는 것만큼 작품을 훼손하는 것은 없거든요.

Q. 교수님의 리뷰와 달리 감독은 '일본과 관계가 없다'는 내용의 인터뷰를 했다는데요.

A. 일본인을 등장시켰는데 일본과 관련이 없다고 하는 것은 모순이겠죠?

Q. 이 영화에 대해 호불호가 갈리고 있습니다. 개연성 없이 시

체와 피가 난무하는 '오컬트' 영화라고 혹평하는 이들도 있는데요.

A. 네, 그런 면이 없지 않습니다만 단지 괴기스럽게 만들기 위해 그랬다기보다, 인간이 잔혹함 앞에 얼마나 태연한가 하는 이중적 태도를 고발하려는 의도도 상당히 엿보입니다. 살인 현장에 가기 전에 밥을 먹는다든지, 살점과 피가 난무한 현장 조사를 마치고 곧바로 벌겋게 양념을 버무린 돼지고기를 구워 먹는 장면으로의 앵글 전환이 그러합니다. 하지만 잔혹한 장면은 극히 제한적으로 사용해야 감독 자신에게도 좋겠죠?

Q. 감독의 주제의식 구현 또는 상업적 목적 성취를 위해 관객을 너무 불편하게, 또는 바보로 만든 것은 아닐까요.

A. 저는 공포물과 살인극 등의 장르를 아주 좋아하진 않는데요, 이런 기준을 제시할 수는 있겠습니다. 그 작품이 공포를 주는 것인지, 더러움 또는 놀라게 함으로써 혐오를 주는 것인지. 우리가 느낀 것은 혐오지만 공포라고 하는 경우가 많은데, 사실 두려움과 떨림은 나쁜 게 아니라 모든 예술 작품의 미학을 이끌어내는 필연적인 요건입니다. 두려움 자체가 나쁜 요건은 아니라는 뜻입니다.

문제는 '저 영화가 우리를 얼마나 불편하게 만드는가' 하는 상대적 평가일 것입니다. 저는 개인적으로 다소 불편함에도, 기독교 주제를 진지하게 다뤄 준 감독과 제작사에 감사하는 입장입니다.

Q. 기독교 내에서는 이런 류의 영화를 멀리해야 한다는 시각도 있습니다.

A. 네, 주의가 요구되는 것은 사실입니다. 하지만 기독교 자체는

'책'의 종교입니다. 다시 말해 성서 자체가 각 시대의 언어로 말하고, 듣고, 읽고, 추려서 기록한 매체였다는 사실을 감안하면, 우리가 사는 동시대의 언어를 무조건 듣지도 읽지도 않겠다는 태도는 비(非)성서적일 수밖에 없습니다.

더욱이 이 시대의 크리스천 젊은이에게 절대 필요한 눈은 진리를 식별하고 추릴 수 있는 눈일 텐데, 자신의 시각만이 진리라는 태도로 일관한다면 전혀 설득력을 얻지 못할 것입니다. 텍스트를 비롯한 일상 언어를 다루지 못하는 사람은 대부분 성경 언어도 잘 다루지 못합니다.

Q. 이 영화에서는 성경 말씀이나 기독교의 상징들이 뒤죽박죽되어 나타납니다. 신에 대한 깊은 성찰이라 생각할 수도 있지만, 기독교에 대한 농락으로 볼 수도 있지 않을까요.

A. 저는 감독의 의도를 긍정적으로 받아들이는 편입니다. 우리가 해체(destructionism)나 역설(paradox) 같은 방식으로 설정된 장치에 낯설면 그런 반응이 나타날 수 있는데, 사실 성경에서 예수님이 가시면류관을 뒤집어쓰는 잔혹한 도상도 대관식(coronation)이라 부르기도 하거든요. 우리의 성찰을 뒤죽박죽 방해하는 요소라면, 해체나 역설 그 자체보다는 '재능 없는' 해체와 역설에 있을 것입니다.

Q. 기독교인이라면 어떤 시각으로 영화라는 매체를 향유해야 할까요.

A. 저는 기독교인 여러분께 이 시대의 영화를 '읽으시라' 권하고 싶습니다. 영화뿐 아니라 모든 예술 작품에 대해서도 마찬가지입

니다. 그렇게 하면 읽을 가치가 없는 것들은 자연적으로 걸러질 것이라 봅니다.

Q. 이 영화의 주인공은 과학이 아니면 믿지 않는 시대에 '주술과 무속'의 힘을 빌리고 있습니다. 공포영화들의 공통점이기도 하지만, 이것이 기독교에 함의하는 바는 무엇일까요.

A. 우리가 크게 오해하는 것 중 하나가, 과학에 대한 맹신입니다. 과학 시대에는 주술과 무속이 사라졌다고 믿는 것이지요. 시대라는 옷은 갈아입었지만 사람은 변한 적이 없습니다. 영화 〈곡성〉이 그것을 규명하는 데 주력한 것 아니겠습니까?

이 영화가 기독교에 함의하는 바가 있다면, 표제어 그대로 '현혹되지 말라'일 것입니다. 기독교인을 포함하여 우리는 모두 현혹(의심)을 믿음으로 오인하는 주술에 빠질 때가 있습니다. 주로 남의 일이 아닌 바로 나의 문제, 내 자녀의 문제일 때.

Q. '의심을 믿음으로 오인한다'고 하셨는데, 이 영화와 한국의 기독교인들에서 그것이 어떤 방식으로 나타나는지요.

A. 이를테면, 부사제 양이삼(도마)이 악마에게 '악마가 아니라고 한 마디만 해 달라'고 믿음을 구걸하는 태도입니다. 또 경찰 종구(베드로)가 눈으로 보고 만지는 '무명'과 전화기 속 일광의 소리 가운데서 계속 현혹되는 태도입니다.

Q. 리뷰에 못다 실은 생각이 있으면 좀더 설명해 주십시오.
A. 리뷰의 가닥은 당초 두 가지가 잡혔습니다. 첫째는 일본(인)

과의 관계, 그다음은 그리스도의 부활 사건을 리텔링함으로써 꾀하려는 믿음과 의심의 동선. 이 두 줄기가 가장 선 굵게 눈에 띄었으나, 분량을 감안할 때 둘 다 상세히 다룰 수는 없었습니다. 그래서 후자는 약화하고 전자에 더 큰 비중을 할애한 것입니다만, 기독교인 독자만 배려했다면 후자를 한층 강조했을 것입니다. 하지만 그렇게 했다면 비기독교인이 이 같은 기독교 메시지를 접하는 대역폭은 훨씬 좁아지고 말았을 것입니다.

Q. 그렇다면, 영화에 나타난 '부활' 관련 기호와 해석을 부탁드려도 될까요.

A. 여기 열거하기에는 양이 지나치게 많습니다. 단, 기존 리뷰에 상세하지는 않더라도 레이아웃은 나왔다고 봅니다.

Q. 이 영화가 기독교인들 또는 신학자들에게 던지는 질문이 있다면 무엇일까요.

A. 우리의 믿음이 실제적으로 어떤 상황에서 검증당하는지 그 '상황'을 제시받은 것으로 보입니다. 비겁한 기독교와 용감한 이단이 동시대를 살았다면 무엇이 진리인가 하는 문제? 성서신학자는 성서신학적으로, 실천신학자는 실천신학적으로, 조직신학자는 조직신학적으로……. 각자 나름의 답이 있겠죠?

Q. 평론가나 영화감독을 꿈꾸는 기독교인들에게 조언이나 격려를 해주신다면.

A. 성경을 사랑하고 성경 독해에 많은 투자를 하시길 바랍니다.

그것은 제 종교적 정체성이 그렇기 때문에 하는 말이 아닙니다. 성경은 짧게는 2000년, 길게는 3500년의 텍스트를 담고 있는 책입니다. 우리가 이 책을 종교적 의미에서 생명처럼 사랑한다고는 하지만, 거기에 담긴 기호와 해석에 대해선 대단히 과소평가할 뿐 아니라, 관심조차 두지 않는 경우가 많습니다.

수천 년 깊이의 기호화(encoding), 복호화(decoding)를 자유자재로 다루는 기술을 원하는 분들에게, 성경을 강력 추천합니다. 성경은 로고스 세계에 직·간접으로 종사하는 모든 사람에게, 문자 그대로 '바이블(bible)'입니다."

Q. 답변 중 '기호화'와 '복호화'에 대한 좀더 자세한 설명을 부탁드립니다.

A. 어거스틴이 한 말 하나만 소개하지요(웃음). "모든 가르침은 사물들(things)과 사인(sign)에 관한 것이다. 사물들은 다른 것을 나타내기 위해 언급되지 않으며, 사인들은 그것 자체보다는 사물의 의미를 위해 논의된다."

Q. 교수님의 리뷰가 많은 화제를 낳고 있습니다. 예상하셨는지요.

A. 해석에 복호화(decoding)의 폭이 큰 경우에는 어느 정도 반응을 예상하지만, 저에게 딱히 통계가 없어 해당 리뷰가 얼마나 화제가 되었는지는 잘 모르겠습니다(웃음).

Q. 영화를 한 번 보시고 어떻게 이런 깊이까지 생각하실 수 있

는지요.

A. 사실 해석학(heremeneutics)이라는 분야는 해당 작품에 종속된 분야라기보다, 원작을 중심으로 한 독자적인 창작 분야에 더 가깝습니다. 작품에 생명력을 불어넣는 별개의 행위로 규정하거든요. 따라서 해석할 때 작가의 제작 의도 안에 해석을 가두기보다, 그 작품을 살아 있는 생명체라고 간주함으로써 대하는 편입니다. 그러면 가치를 머금고 있는 작품은 반드시 스스로 말을 하고, 아무런 말이 없는 경우는 대개 가치가 결여된 작품일 때입니다.

Q. 본지에 기고해 오셨는데, 내용이 다소 난해하다는 평가도 있습니다.

A. 아! 제가 자주 듣는 말인데요(웃음), 저는 이렇게 생각합니다. 영화 〈곡성〉의 독자 반응이 컸다고 하셨는데, 〈곡성〉의 리뷰를 읽을 수 있는 정도의 독자라면, 제 다른 글도 전혀 난해하지 않을 것이라 확신합니다. 그럼에도 난해함이 있다면 그것은 '관심'의 차이 때문일 것입니다. 심리적 기제에 관심이 있는 분은 〈아노말리사〉가 읽힐 것이며, 마태복음 8장의 거라사 광인에 관심이 있는 분은 〈검은 사제들〉이 잘 읽힐 것입니다. 이 〈곡성〉의 리뷰가 그리 만만한 내용이 아닌데도 많은 분들께 읽혔다면, 그것은 우리가(기독교인이든 비기독교인이든) 그만큼 영적인 까닭일 것입니다.

Q. 교수님을 알게 된 건 2015년 발간된 《철학과 신학의 몽타주》 덕분입니다. 책을 통해 영화를 통해 철학자와 신학자의 주요 사상들을 연결하는 작업을 하셨는데요, 간략한 소개와 함께 '몽타주'의 의

미에 대해 말씀해 주시면 감사하겠습니다.

A. 몽타주는 본래 영화의 화면들을 조립하여 어떤 의도된 리듬을 부여하는 행위를 정의한 말로 시작되었습니다. 그러다 평면 예술에서도 여러 다른 인물의 사진을 조합해 제3의 이미지를 형성하는 기법으로 전용되었는가 하면, 현대에 들어서는 영화 자체에서도 아예 자연스러운 흐름을 파괴함으로써 얻는 리듬을 몽타주의 본성으로 이해하는 새로운 정의를 하기도 합니다.

이러한 일련의 사조를 《철학과 신학의 몽타주》에서 마지막 장 해체와 연결짓고 있지만, 실은 해체 이전 시대 전체를 몽타주로 소급해 내려고 한 책이라 할 수 있습니다. 그러나 그것은 해체라는 트렌드로서가 아니라, 어디에도 없는 것 같지만(Nusquam) 어디에나 있는(Ubiquitas) 하나님의 본성 로고스를 규명하는 시도이기도 했습니다(롬 1:20).

왜냐하면 언어라고 불리는 이 로고스는 유대인이나 기독교인에게만 미치는 효력이 아니기 때문입니다. 제가 이 같은 세속적 영화 〈곡성〉에 해석학적이면서도 신학적 의미를 부여하는 이유이기도 합니다.

* 이 글은 〈크리스천투데이〉 2016년 6월 19일자에
 실린 것을 다듬은 것입니다(편집자).

주

프롤로그

1. 투사는 개인의 해석이나 판단 따위에 전제되어 반영되는 심리 상태를 이르는 말이며, 음화 역시 그와 같이 자기 인격 형성에 전제된 어떤 상을 말하는 심리학적 개념이다.
2. '70인 역'은 기원전 300년경 고대 그리스어인 코이네 그리스어로 번역된 구약성경을 이르는 명칭이다. 현재 그리스 정교회 공식 전례 본문으로 쓰이며, 셉투아진트(Septuagint)로도 불린다.
3. 셰익스피어 앤 컴퍼니(Shakespeare & Company)는 실비아 비취(Sylvia Beach)라는 미국인이 1919년 파리에 개장한 영문학 전문 책방의 이름이다. 앙드레 지드, 폴 발레리, 어니스트 헤밍웨이 등 20세기 최고의 작가들이 모여들면서 명성을 얻는다.

1장

1. 벤저민 프랭클린(Benjamin Franklin, 1706-1790): '건국의 아버지'(Founding Fathers)로 추앙받는 미국 초대 정치인 중 한 명이다. 특별한 공직에 있지는 않았 지만, 프랑스와의 동맹을 통한 미국 독립에 중추적인 역할을 했다.
2. 해석학적 순환(Hermeneutic Circle)의 한 양상이다.

2장

1. '거라사 광인'은 공관복음서에 다 나오는 인물이다. 마태복음이 '거라사' 라는 지명이 아닌 '가다라'로 표기하고 있지만 일반적으로 '거라사 광인'으로 통칭하고 있으며, 참고로 마태는 이 이야기를 악령이 인격으로 드러나는 최초의 장면으로 강조하는 점도 다르다.
2. 〈엑소시스트(The Exorcist)〉, 1973. 미국. 131분. 감독: 윌리엄 프리드킨. 출연: 린다 블 레어(레건 테레사 맥닐), 엘렌 버스틴(크리스 맥닐 신부), 막스 폰 시도우(메린 신부). 우리나라에서는 〈무당〉으로 소개된 바 있다.
3. 참고:《이상심리학 : 과거와 현재》(시그마프레스)
4. 중앙일보, 〈매거진 M〉, "검은 사제들 속 엑소시즘, 그 실재와 허구 ③", 기사입력

2015.11.11. http://news.joins.com/article/19045101

5. 토마스 홉스는 1651년 *Leviathan, or The Matter, Forme and Power of a Common-Wealth Ecclesiastical and Civil* (리바이어던, 혹은 교회 및 세속적 공동체의 질료와 형상 및 권력)이라는 제목의 책을 출간하기도 했다.

6. 아담 스미스(Adam Smith)의 책 *An Inquiry into the Nature and Causes of the Wealth of Nations* (1776)에 나오는 말이다. 이 책 원제목은 '국부의 본질과 원인에 관한 연구'이지만 줄여서 '국부론'(國富論, The Wealth of Nations)이라고 부른다.

4장

1. 〈맨 오브 스틸(Man of Steel)〉, 2013. 143분. 미국. 감독: 잭 스나이더, 주연: 헨리 카빌, 에이미 아담스.

2. 테라포밍(Terraforming)은 한 행성을 다른 어떤 행성과 환경이 일치되도록 바꾸는 공정을 말한다. 우주의 다른 행성에 대한 지구화(地球化)에서 온 말이지만 여기서는 클립톤 행성처럼 지구의 환경을 바꾸는 의미로 쓰였다.

3. 롱기누스는 예수님을 창으로 찌른 병사의 이름이었다고 전해진다. 전설에 따르면 요한복음에 나오는 대로 그는 예수님의 죽음을 확인하기 위해 옆구리를 찔렀는데, 그 직후 눈이 멀었지만 예수 그리스도의 피를 눈에 바르고 치유되었다고 한다. 이후 샤를마뉴 대제가 이 창을 소유하는 등 성물숭배 대상의 하나가 되었다.

4. 형식적이면서도 장식적이라는 뜻이다.

5. 프랑스어 '로카이유'(rocaille, 조개무늬 장식, 자갈)에서 온 말이다. 예술 양식이 본래의 힘을 잃고 무의미한 윤색으로 일관되었다는 평가를 받던 시기의 명칭이다.

5장

1. '인식의 회전문'이라는 말은 이 장에서 보게 될 모든 현대인이 시달리는 인식론적 망상이나 심리적 기제를 표현한 술어로, '인식의 틀'이라고 표기할 때도 있다.

2. 퀴어문화축제(Korea Queer Culture Festival): 매년 5-6월경 열리고 있 성소수자 문화 축제. 2000년에 시작된 이 축제는 첫해 연세대학교에서 개최되었으며, 이후 홍대와 신촌 일대에서 열리는 대규모 퍼레이드로 성장했다. 'queer'는 기묘하다는 뜻이다.

6장

1. 소코비아(Sokovia)는 가상의 도시 이름이며, 이 도시가 전편 〈어벤져스〉 시리즈에서 전투 중에 통째로 파괴되는 바람에 협정서의 명칭이 되었다.

2. 〈조선일보〉 2016.05.06. 기사: 트럼프 "한국, 주한미군費 100% 내라"

3. 〈중앙일보〉 2016.05.06. 기사: "클래퍼 국가정보국장, 북·미 평화협정 한국 입장 타진했다"

8장

1. Hans-Joachim Mazz, 《릴리스 콤플렉스》, 이미옥 역 (참솔, 2004), p. 18.
2. 《핑거스미스(Fingersmith)》는 여류작가 사라 워터스(Sarah Waters)의 장편소설로 ·
   (London: Virago Press, 2002), 출판된 지 3년 후 영화로 제작되었다. 감독: 에이
   슬링 월시, 주연: 샐리 호킨스, 일레인 캐시디, 루퍼트 에반스, 상영시간: 181분. 영국.
3. Alpha Beta Ben Sira 78.

9장

1. 구약 법전과 함무라비 법전 간에는 상응하는 경우가 상당한데, 이때 그 조문을 부
   르는 명칭.

11장

1. 클리셰(cliché)는 진부한 표현이나 고정관념을 뜻하는 프랑스어다.

13장

1. 〈경향신문〉 인터뷰. 기사입력: 2014.12.31. 〈'국제시장' 본 진중권 "일부 모지리들
   이…"〉
2. 한겨레 [매거진 esc] 기사입력: 2014.12.24. 〈진중권 허지웅 정유민의 '2014 욕 나오
   는 사건사고 총정리'〉
3. https://twitter.com/ozzyzzz/status/537617364934598656
4. JTBC 〈속사정 쌀롱〉 13회.
5. 요 10:38; 14:10, 11; 17:21, 17:23.
6. begotten: beget(자식을 보다)의 과거분사.
7. ASV, KJV: the only begotten Son, LUO: "der eingeborene Sohn".
8. NIV: "God the One and Only".
9. NRSV: "God the only Son", NLT: "his only Son", 공동번역: "외아들로서 하나님과
   똑같으신", 표준새번역: "독생자이신 하나님" 등이 있다.

14장

1. 가톨릭에서는 대사(大赦) 또는 면벌부(免罰符)가 공식 명칭이다.

기호와 해석의 몽타주
Montage of Interpretation on Sign

2017. 2. 6. 초판 1쇄 인쇄
2017. 2. 15. 초판 1쇄 발행

지은이 이영진
펴낸이 정애주
국효숙 김기민 김의연 김준표 김진원 박세정
송승호 오민택 오형탁 윤진숙 이한별 임승철
임진아 정성혜 조주영 차길환 한미영 허은
펴낸곳 주식회사 홍성사
등록번호 제1-499호 1977. 8. 1.
주소 (04084) 서울시 마포구 양화진4길 3
전화 02)333-5161
팩스 02)333-5165
홈페이지 www.hsbooks.com
이메일 hsbooks@hsbooks.com
페이스북 facebook.com/hongsungsa
양화진책방 02)333-5163

ⓒ 이영진, 2017

• 잘못된 책은 바꿔 드립니다.
• 책값은 뒤표지에 있습니다.
• 이 도서의 국립중앙도서관 출판예정도서목록(CIP)은
  서지정보유통지원시스템 홈페이지(http://seoji.nl.go.kr)와
  국가자료공동목록시스템(http://www.nl.go.kr/kolisnet)에서
  이용하실 수 있습니다.(CIP제어번호: CIP2017002289)

ISBN 978-89-365-1216-3 (03230)